信頼される
リーダーへの道

ビジネス研究所 所長 加藤 浩康 著

株式会社きんざい

刊行に際して

「歴史は国の魂」である。理念なき国家・自国の史実と国防意識を忘れ他国に防衛を依存する民族が滅亡することは、歴史が証明している。

先人たちは、国家存亡の危機に直面したとき、鳥の目（内外情勢を大局的に判断）で世界情勢を眺め、「気概と勇気」をもって祖国のため「不《ふ》惜《しゃく》身命《しんみょう》」で外敵を排除。一度は敗れたものの見事に国際社会へ復帰して独立。その原動力は、勤勉と実直・勇気とフェアプレー・寛容と忍耐・忠誠心と愛国心など、吉田松陰が詠んだ「身はたとひ　武蔵の野辺に　朽ちぬとも　留《とど》め置かまし　大和魂」、日本人の精神があったためである。企業の場合もまったく同様で創業時以来、それぞれの時代に生きた先人たちの賜物で現在があるといえる。

「歴史は繰り返す」という。昭和４（１９２９）年10月ニューヨークの株式市場大暴落（暗黒の木曜日）が導火線となり世界大恐慌になったと同様、平成20（２００８）年10月米国に端を発した、リーマン・ショックが一瞬にして世界を駆けめぐり世界経済に影響し「百年に一度の世界恐慌」とか「歴史的未曾有の金融恐慌」と騒がれ、ＥＵ諸国をはじめ各国に大打撃を与え、その後遺症は現在も続いている。

リーマン・ショックの要因は何かと考えると「商い」の原点、法令等遵守の経営を逸脱した目先の利益を求めて、債権の流動化というかけ声のもと、住宅ローン債権の証券化商品を開発し、融資・投資ではなく投機行為で「マネーゲーム」に奔走した結果であり、約80年前に発生した「暗黒の木曜日」の教訓が生かされていなかったといえる。

世界経済が低迷するなか、エネルギー争奪戦、環境問題、テロ・武力紛争、近代兵器を搭載した海賊の出現と略奪、目にみえないサイバー攻撃、エジプトに始まる独裁政権打倒の大きなうねりなど、国際情勢は激変の最中である。

東アジアに目を転ずると、共産党一党独裁国家の中華人民共和国（中共）は覇権を目指し、強大な軍事力で言論統制と人権無視、嘘で固めた情宣活動、独裁国家の価値観（国際法無視と領海法など）で各国を恫喝・強要し、公然と他国を侵蝕。反日教育、日本の尖閣列島・沖縄まで自国領土と主張するほか、南京大虐殺・慰安婦問題など、歴史を歪曲・捏造し、ロビー活動では猫なで声で「甘い罠（ハニートラップ）」にかけるなど、武力によらず勝つ「情報戦」を展開している。

北朝鮮は、核開発・長距離ミサイル発射実験、拉致問題。

韓国は、反日教育、竹島の実質占拠と大統領の上陸、対馬の間接占拠（観光と不動産取得）、慰安婦問題、日本海の呼称変更、軍事力の強化。

ロシアは、日本の領海・領空の侵犯、北方四島にミサイル発射基地を設置する構想を明らかにするなど、日本を弱体化し隷属させようと虎視眈々と機会をねらっている。

日本が日本でなくなる最大の危機に直面していることを自覚すべきである。

こうした、有史以来の危機に直面しているにもかかわらず、日本の「政・官・業・マスメディア・学者……」等々のリーダーであるべきエリート層……特に一部の為政者とマスメディアは他国籍人かと目を疑うほど、経済よりも大切な「国の安全と国民の生命・財産を守る」責務を忘れている。大嘘・暴言・ヤクザ風・自己責任を部下に転嫁する厚顔無恥、さらに自由闊達な議論さえできない問答無用型の風潮と税金のばらまき政策が横行し、リーダーをはじめ国民も当たり前の倫理・道徳観を喪失した行為が闊歩している。

私たちは、先人たちが生きたそれぞれの時代に、全身全力で幾多の困難と闘って築かれた歴史・物語・先人訓など「汗と涙・血のにじむ努力」の結晶のもとに生かされている。最大の危機に直面した現代人は、先人たちのリーダーのあり方、長い伝統に基づく技術や企業への忠誠心・愛社精神などを、感謝の心をもって学び発展させることによって内外の信頼・信用を得ることが、今後の繁栄の基礎といえる。

こうした思いを込めて、本書は、私が銀行員時代の営業店の一行員、営業店経営の次長・店長、業務推進の本部職員として先輩・同僚・後輩、さらに取引先の多くの方々から教わり学習・実践した、いつの時代でも変わらぬ内容の一端を記述した。企業に携わる役職員が常に若さをもち「心身ともに健康」で明日に向かって考動（常にそれはなぜかと大局的に考え動くこと）するための実践書として活用していただければ幸いである。

本書が発刊の運びとなったのは、30代より公私にわたりご指導いただき『わかりやすい銀行業務』をはじめとする拙著の監修をしていただいた人生の師、弁護士の松嶋泰先生（平成25年2月14日急逝）のおかげである。また、編集に際しては株式会社きんざいの西野弘幸氏、資料整理に友人の竹林啓司氏にお世話になりました。ここに記して心から感謝申し上げげる。

平成25年6月11日

加藤　浩康

プロローグ

◇国まさに滅びんとす

日本に古くから伝えられている儒教の経典「中庸」（第24章）に次の言葉がある。

「国まさに興らんとするや、必ず禎祥《ていしょう》あり。
国まさに滅びんとするや、必ず妖孽《ようげつ》あり。
蓍亀《しき》にあらわれ、四体に動く」

この意味は、国が繁栄するときは慶事が多く、人々の士気が上がり、人情も篤くお互いに「切磋琢磨」する姿勢がみられて発展。それに反して、国が滅びる予兆があるときは、必ず悪いこと（国民のモラルの低下、向上心などの喪失、邪宗、疫病の流行、政・官・業・マスメディアの癒着による不祥事件の多発、自然災害など）が「易《えき》」（筮竹《ぜいちく》占い）に現れるということである。

いま、まさに日本がこの言葉にピッタリの状況である。近隣諸国（中共・北朝鮮・韓国・ロシアなど）から、領土問題をはじめ歴史の捏造と歪曲で内政干渉され、毅然と対処できない「政・官・業・マスメディア等」、特に一部の為政者とマスメディアの姿は、国家を忘れた目先の利益を求める守銭奴と化した「売国奴」といっても過言ではないだろう。まさに「国に巣くう亡徴の五蠹《ごと》」が闊歩する世情となり悪化している。

◇五蠹とは

①　ことさらに仁義で飾り、人心を惑わし、相手を倒して実権を握るが、その内容には実がない
②　未来に及ぶ国益を忘れて、当面の利のみを追う
③　自らはまったく働かず、名をあげる事のみに専心して関心を得る。パフォーマンスのみで真実を語らず、詐欺的言動を平然と行う
④　目先の利（自己保身）のみに走り、先人たちが営々として築いてきた伝統・文化を破壊する
⑤　安易な利をむさぼり、労せずして利益を得る。マネーゲームの横行

前記のような人々が闊歩し、節操があり企業（国家）の過去→現在→未来を語り実行しようとする人たちは排除され、民心は惑わされ労せずして生活が楽になるような風潮をつくり、国民を錯覚させて誘導し世論形成するが、破綻は目にみえて、現在の日本が直面している危機を招いている。

◇「物の豊かさ」から「心の豊かさ」を求めて

日本は、昭和20（1945）年の敗戦以降、国防の義務を忘れ、経済一辺倒の「物の豊かさ」を追い続け、「戦前悪・戦後善」といった間違った思考が主流をなし行動してきたといえる。現代人が忘れ去った「心の豊かさ」や、先人から受け継いできた「規範」、勤勉と正直、勇気とフェアプレー、寛容と忍耐、忠誠心と愛社（愛国）精神、

さらに史実を学ぶことである。

私たちが、目先の金儲け一辺倒、無能・無策・無為の場当たり的政策で責任回避（先送り）、平和・既得権・拝金・人権・好色などのボケ症候状態から脱出する最後のチャンスかもしれない。長期的視野で大局的な判断と使命感をもって、「何を捨て、何を成長させるか」、何をしたら「企業（国家）が繁栄」し、何をしたら「企業（国家）が崩壊」するかを考えて、付和雷同せず、役職員が一体となり世界共通の「不変の価値観」（51～53頁参照）を熟読してほしいものである。

国家あっての企業であることを認識し、気を抜かず「緊張感」をもって考動し、敗退して泣くより繁栄して涙する「感動」を得る職務遂行をすべきである。

信頼されるリーダーへの道〔目次〕

刊行に際して
プロローグ

■第1章　経営の原点─不変の原則─

1　経営とは何か　2
1　先人に学ぶ経営の基本─三方よしの精神─　2
2　経営の本質　3
3　経営は役職員による一致協力の賜物　5
4　常に現状打破の考動　5

2　経営は平時と有事の連続　7
1　経営にとっての有事とは　7
2　備えあれば憂いなし　8
3　有事を超越した考動─企業の進歩発展へ─　9

3　経営の主役は「人」　11
1　「まともな人間」であれ　11
2　社会規範・各種法令は商いの経典　13

3　企業の凋落《ちょうらく》要因（人間精神の腐敗）　13
4　経営を牽引するリーダー像　16
1　リーダー像の原点　16
2　信頼・信用されるリーダーの要諦　17
5　経営の永続性を求めて―求められるリーダーの資質―　20
1　リーダーに求められる基礎的な資質　20
2　リーダーに必要な基本的能力　24

■第2章　先人に学ぶリーダー像

1　さまざまなリーダー像　30
1　人真似できない先人たちのリーダー像　30
2　有名な三英傑「信長・秀吉・家康」のリーダー像　30
3　人真似ではないリーダー像を求めて　33
2　現代に生きる先人訓　34
1　現代人の使命　34
2　授かった命「与命」―使命感と時間の活用―　35
3　道を極める―継続的な自己啓発・大志を抱いて―　36

3　江戸後期の碩学に学ぶ　40
1　石田梅岩に学ぶ人材育成—わが身を正す—　40
2　佐藤一斎に学ぶリーダーシップ—重職心得箇條—　41
3　二宮尊徳に学ぶ「夜話三題」　45
4　リーダーの義務と責任　47
1　取締役の義務と責任　47
2　執行役員・執行役・会計参与・会計監査人の責務　48
3　取締役等の役職者に求められる注意義務　49
5　世界共通ともいえる「不変の価値観」　51
1　良識ある日本人としての考動指針　51
2　企業の考動指針　54

■第3章　リーダーへの登龍門

1　職場は人生修養の道場　58
1　自己理解が人間関係を知る基本　58
2　人間の欲求を知る　61
3　信頼されるリーダーが目指すもの　63

2　帰属する企業の現況と未来像を語れるか―歴史は企業（国家）の魂―　65
1　なぜ、帰属する企業の歴史が大切なのか　65
2　誇りをもって日本の歴史を語る　67
3　組織全体の向上を目指した考動　75
1　遊び心を取り入れよ　75
2　コミュニケーションは人間関係　77
4　自己啓発で円満な人格形成　81
1　「己」を知る　81
2　継続可能な自己啓発目標の設定　82
3　自己啓発目標を実行するポイント　84
5　継続的な自己啓発　86
1　集中力を養う　86
2　時間の多元的活用「時間尊重」　88
3　師・志・詩をもて　89
6　部下指導・育成の要締―リーダーの心構え―　92
1　部下育成とリーダーの心構え　92
2　効果的な指導・育成　93
3　やる気（意欲）を育てる　94

4 怒るな、叱って育てよ 96

7 「報《ほう》・連《れん》・相《そう》」の徹底で職場の活性化 98

1 報・連・相はなぜ大切か 98

2 報・連・相を円滑にするポイント 99

3 人はそれぞれの「立場」で考える 100

8 適正な指示・命令は「6W2H」 103

1 「2・6・2の原則」とは 103

2 「6W2H」を利用した指示・命令 104

3 指示・命令と部下の動機づけ 104

9 リーダーは責任をもって、部下を信頼し鍛え育成する 107

1 部下を育成するうえでの役割 107

2 部下を信頼し、鍛えて後継者づくり 109

3 部下が求める理想のリーダー像 110

4 信頼・支持関係の醸成 112

■第4章 信頼されるリーダーの実践考動

1 「戦略」と「戦術」の混同は厳禁 116

1 なぜ戦略と戦術を区別するのか 116

2 戦略は大胆、戦術は細心であれ 117
3 戦略を周知徹底させるために 117

2 経営戦略を高めるための考動—国家あっての企業であることを忘れるな— 119
1 「国家と経済」ということに対する哲学の喪失 119
2 法の遵守と道徳の尊重 120
3 経営戦略は「共有化」を図ること 124

3 好かれるリーダーより尊敬される人へ 126
1 強い信念をもつこと 126
2 責任とは 129

4 職務遂行者の義務と責任 132
1 従業員の誠実労働義務 132
2 知らなかったではすまない法令違反 133

■ 第5章 危機管理とリーダー

1 ウソがもとで「小事が大事」へ 140
1 ウソがまかり通る現象は経営破綻の前ぶれか 140
2 ウソは誤った判断を誘引—小事が大事へ— 141
3 事故を隠蔽し逮捕された元役員の告白 142

2 社内・社外における「セクハラ行為」 144
1 セクハラ行為とその発生要因 144
2 セクハラ行為の発生要因と影響 145
3 セクハラ行為の防止策 146
4 セクハラ行為と罰則 147
3 甘い罠（Honey Trap）にかかるな―刑法違反行為― 148
1 甘い罠は相手を攻略する戦術 148
2 甘い罠にかからぬために 150
4 サイバー攻撃・産業スパイ対策 152
1 サイバー攻撃とセキュリティ対策 152
2 産業スパイの横行 154
5 反社会的勢力の排除↔甘い罠にかかるな 157
1 反社会的勢力による被害を防止するための基本原則 157
2 基本原則に基づく対応 158
3 不当要求排除の基本 161
4 備えあれば憂いなし 164
6 不法行為と強制捜査―「恥」を知れ― 166
1 強制捜査とは 166

2　役職員の逮捕と勾留　168

7　不法行為と刑事処分、社内態勢の確立　170

1　刑事処分　170
2　有事に対する社内態勢の確立　171

エピローグ──明日に向かって──　174

第1章

■経営の原点—不変の原則—

1

経営とは何か

経営の原点は、企業の大小にかかわらず、「三方よし」の精神である。企業を永続させるためには、限られた「ヒト・モノ・カネ・情報・時間」などの経営資源を効率的・合理的に運用し、最大限の効果（適正利益）を計上する必要がある。その原動力は「人《ヒト》」（役職員）が、心身ともに健康で共通の目標に向かって全力投球で考動した結果、健全な社会生活を営むことができる「商い」を実践することである。

1　先人に学ぶ経営の基本―三方よしの精神―

20世紀末＝１９９０年代、コーポレート・ガバナンス（Corporate Governance：企業統治）、ディスクローズ（Disclose：情報公開）、グローバル・スタンダード（Global Standard：国際標準）、コンプライアンス（Compliance：法令等の遵守）等々、数多くの経営に関する横文字が流行した。横文字を使用すれば、経営が順調に推移するかのごとく錯覚する様相であった。

経営も時代の変化に対応しなければ衰退するため、逐次対応しなければならない。しかし、われわれの先人たちは、大きく変わった情報化時代の「現在」でも世界に共通する「経営の経典（バイブル）」を伝えている。恥じることなく堂々と実践し世界に範を示すべきである。

「三方よし」とは、近江の麻布商中村治兵衛宗岸が70歳の宝暦4（1754）年に若年の養嗣子（宗次郎）に商いの原点は「他国（地方）へ行商するも、すべて我事のみと思はず、その国（地方）一切の人を大切にして、私利を貪ることなかれ、神仏のことは常に忘れざるようにいたすべし」と書置きした言葉で、後年「売り手よし・買い手よし・世間よし」と要約され「商道」として活用されている。

現在、反社会的勢力との絶縁が叫ばれているが、まさに三方よしの精神で商いを実行すれば不正取引を排除することが可能となる。

2　経営の本質

日頃、経営という言葉を発しているが、その内容をどれだけ熟知しているであろうか。経営とは何かについて再認識して日常考動に反映させることが必要である。

経営の本質は、得体の知れない、とらえにくい・みえにくい・読めない・聞こえない、等々、目にみえるものとみえないものという諸要素から成り立っている。

(1)　経営の要素（ヒト・モノ・カネ）

①　ヒトの要素

「企業は人なり」。いつの時代でも企業（国家）を動かす主役は「人」である。しかし、人が人を評価することには感情（好き嫌い）という人の主観が入り、きわめてむずかしいものである。評価の基準としては、約束・時間の厳守、諸ルールを遵守した考動をしているか、経営者であれば、中・長期計画のもと、先見性、決断力、統率・指導力、業界・内外情勢の動向を考察した考動をしているかどうか、等々という目にみえない要素もある。

② モノの要素

企業が生産する製（商）品、生産設備、原材料の仕入れ・販売からサービスの提供等、取扱製（商）品の特性と成長性などは、業界の評判や消費者の評価から聞き込み調査が可能である。これらは目にみえる経営資産であるが、サービスについては、顧客対応の姿勢・態度、また精神的なものゆえに目にみえにくい。しかし、有形の財物として「金利1％上乗せ」「本日に限り付属品サービス」など、企業が顧客に対して実施する犠牲的な無料サービスが存在していることは再確認することができる。

③ カネの要素

企業が公表する貸借対照表・損益計算書・株主資本等変動計算書など決算書に計上された計数により多面的に考察して実態を把握することができる。

(2) 目にみえない経営資産

企業活動は、決算書により「資本金、営業利益、従業員数、有形資産」等の把握が可能である。しかし、知的資産である「人的資産、経営理念、組織力、技術力、顧客とのネットワーク等々」は、企業の優劣を決める競争力の源泉であり、目にみえにくい無形資産である。この無形資産は企業秘密に属するものが多く、内容を把握することはむずかしい。人的資産は俗人的なもので十人十色だが、面談や対話すること、ならびに行動パターン、業界の評価・風評などで骨格を把握できる。集積した情報を適正に分析し判断を下せる能力をもつために自己研鑽が求められる。

3　経営は役職員による一致協力の賜物

経営は、掲げた目標に向かって、最高責任者を先頭に各部門のリーダーのもと、役職員が一致協力して得られた集積が儲け（適正利益）であり、働かずして目標の達成はありえない。最高責任者は「役職員の心身ともに健康」をモットーとした勤労と、「関係者の協力に感謝する心」をもつことが重要である。

余談だが「儲け」という字は「信＋者」からなっている。儲けとは、顧客へのサービス（物販を含む）提供で得られるもので、経営はファンづくりなのである。また「協力」の協という字は「十プラス力《ちから》が三つ（みんなが力を合わせること）」で利益を生み成長することを意味している。

4　常に現状打破の考動

世の中、いつの時代でも「変化と不変の原則」で推移し現在が存在している。変化に対応し、不変の原則を堅持することが経営の原点である。企業（国・家庭を含む）は「繁栄→衰退（または破綻）→再生」の繰り返しで、改革を実行する人間の考動次第で成長もし、さらに衰退もする。発展するためには、全体像をふまえながら個別企業がそれぞれの体質に即した「企画・立案・決断・実行」することである。すなわち「何を捨て、何を成長させるか」。また、何をすると「企業が繁栄」し、何をしたら「企業が衰退」するかを考えることである。付和雷同せず、役職員が一体となり「企業の目標」に向かって、気を抜かず「緊張感」をもって、敗退して泣くより繁栄して涙する「感動」への考動を推進するのが経営の神髄である。

当然のことながら、企業の役職員は愛社精神を旨とし、景気動向に右往左往することなく、企業の安全性とそれを支える役職員の雇用、顧客サービスで適正利益の確保と「国益をふまえた企業経営」を実践すべきであり、日本人であることを忘れた「売国的商行為」は断じて行わないことである。

2

経営は平時と有事の連続

人の一生が「山あり谷あり」「晴・曇・風雨」など、良いときも悪いときもあるように、企業（国家・家族を含む）は「繁栄→衰退（または破綻）→再生」の繰り返しで、有事を乗り越えて進歩・発展し「現在」がある。有事＝企業を襲う脅威は、自然災害をはじめ、大規模事故、技術・製品、財務・労務、為替変動、営業等々、常に脅威（リスク）と向き合っている。

経営とは、リスクの未然防止とともに、もし発生した場合でも被害を最小限にとどめることである。そして、これがリスク・マネジメントが叫ばれているゆえんである。

1　経営にとっての有事とは

(1)　企業を襲う脅威（リスク）

個人が社会生活をするうえで、企業が商い（製品の製造・販売等々）やそれに伴う業務遂行を行ううえで、自然災害をはじめ、戦争・テロ・革命、航空機・鉄道・自動車事故、企業脅迫・民事介入暴力、製造物責任、知的財産権・著作権侵害、不良債権の発生、取引先倒産、機密情報漏洩、顧客との苦情・トラブル等々、数えあげれば際限がないリスクに直面する。これらの脅威をすべて「リスク」と考えると、リスクは常に存在し、その発生確率はきわめて高いといえる。

企業にとっては、目にみえないリスクの予防と、不幸にして発生したときに最小の被害に防止することが、「リスク・マネジメント」である。

(2) 企業を襲うリスクの種類

経営は、いつ発生するかわからない図表1に列挙する多種多様な有事を予防しながら業務推進していることを再認識することである。

2 備えあれば憂いなし

有事に備えるため、平時から最悪の事態を想定し、最悪の事態に陥らない予防策を策定しておくことが経営である。有事への備えは、直接、儲けとなり計数に表れる、ということがないので平時には放置されている場合が多々ある。有事が発生して泥縄式の応対により右往左往しないように、日々「何をすべきか」「何をしてはいけないか」をよく考えて行動すべきである。

図表1　企業を襲うリスク

予想されるリスク	具体的なリスク
自然災害	地震・津波・台風・噴火・土石流・落雷・風水害など
政治・国際紛争	政変・クーデター・戦争・革命・内乱・テロなど（※このようなケースでは在外資産は没収される）
大規模事故	航空機・ハイジャック・鉄道・自動車・大火災・要人誘拐など
経済・経営関係	為替・金利など変動リスク・市場の大変動（証券市場の大暴落など）・企業脅迫・反社会的勢力の介入・不良債権・取引先倒産・価格競争・市場ニーズ・環境汚染・産廃処理・人材の流出・株主代表訴訟・機密情報の漏洩・ハッカー攻撃・ダンピング・デリバティブ損失・労働争議など
国際関係	カントリーリスク・通貨危機・経済変動・民族・宗教問題など

先人二宮尊徳は「人は云う、わが教え倹約を専《もっぱ》らにすと。倹約を専らとするにあらず。変（有事）に備えんが為なり。人は云う。わが道、積財を勤《つと》むと。積財を勤むるにあらず、世を救い世を開かんが為なり」と論じている（第2章46頁参照）。この先人訓は、真に目にみえない脅威に対して、「他人《ひと》頼り」の姿勢ではなく自らが率先して、いつ有事が発生しても「自身と公《おおやけ》」のために考動できる準備体制を整えておくべきであると説いている。現代人が、はるか彼方に置き忘れた「公」の精神を教示している。

3　有事を超越した考動―企業の進歩発展へ―

大自然の脅威は、先人たちが英知を集めて発展させた文明を一瞬に飲み込んだ東日本大震災でわかるように、巨大なエネルギーの前にわれわれが無力であることを思い知らせている。先人たちは自然の脅威に対して、「なゐ・無・空」になることを熟知したうえで、さらなる進歩発展をするために「不惜身命」の精神で、自然災害をはじめ、各種の脅威などを発生させないための備えに努めてきた。そのことにより今日があることを忘れてはいけない。

有事を乗り越えるためには、企業が事業計画を策定するにあたり、発生するかもしれない、すべての不確実性の要素をリスクと考え業務計画を策定することである。少なからず不確実性リスクは無視されがちであるが、激動する時代だからこそ必要である。

有事に対する基本行動は

①　相互牽制機能の充実

② すべて確認する
③ だろう主義の排除
④ 常にそれはなぜかと考える
⑤ 情報は正確に報告する（報告・連絡・相談、特にマイナス情報はありのままに）

などである。日本人の長い伝統に基づく技術や企業への忠誠心・愛社精神、先人たちに対する感謝の心をもった考動である。これこそ、有事に対処することができる企業繁栄への道で、企業が「信頼・信用」される源泉である。

余話 1

大事故を回避する「ハインリッヒの法則」

人間は自然に生かされ「生・老・病・死」で必ず他界する。同様に人間が製造し、つくったものは、いつかは壊れること、自然の脅威を回避できないことは当たり前だということを認識すべきである。そのうえで、米国の損害保険会社の技術・調査部の副部長をしていたハーバート・ウィリアム・ハインリッヒが発表した労働災害の統計分析を念頭に置き、小さなミスも放置せず日常業務に集中することが大事故防止となる。ハインリッヒの統計分析では「一つの大きな事故の背景には29件の同種類の軽い事故があり、その背後には10倍のヒヤリ・ハットするトラブルが発生している」という。この法則は、最初は軽微なちょっとした事故でも放置しておくと大事故になるという警告である。昨今、多発している不祥事件も同様で、当初、小さなことだからといって見過ごすと「情けが仇《あだ》」となり、大事件になるから、悪の芽は情け無用で小さいうちに刈り取れとの教訓である。

3 経営の主役は「人」

世の中は大きく変化し「電脳」(Cyber)ネット時代であるが、コンピュータは神様でも魔法使いでもなく、人が発案・製造した事務処理をする道具である。「過去・現在・未来」とも社会を動かす主役は「人」である。経営・企業倫理の実践者は機械ではなく人であり、問題が発生し事理を的確に判断し処理するのも人である。常に「分相応な考動」をすることが重要である。

1 「まともな人間」であれ

成長企業を創出する要因や不祥事件を起こすのは大半が「人」の行為である。経営の要は、社会常識・倫理観、使命感と責任感などをもった考動をすれば企業繁栄の道へ、またはおろそかにすれば不祥事の要因となる。

(1) 社会常識とは

理非曲直(道理にかなっていることと、はずれていること。正しいことと、正しくないこと)を識別し、克己復礼《こっきふくれい》(私欲や邪心など自分の欲望を抑え、社会生活をするうえで当然に守るべき基本ルールを守ること)で考動することが、顧客の信頼・信用を得ることになる。そして次のような行為は、ルール以前の問題で社会常識を逸脱している。

① 顧客からの預り品を勝手に処分・領得すること、たとえば、自己の投機行為の資金・遊興費の捻出、集金

した金員の流用など

② 目先の利益にとらわれて「儲かる案件であれば、詐欺まがいの商い」も辞さない、守銭奴と化した無謀な利益至上主義の行為など

③ 飲酒運転や窃盗、リベートをもらう、痴漢、殺人行為

等々である。

(2) 倫理観とは

ウソをつかない、約束を守る、ルール違反で他人（企業・社会・家族に対して）に迷惑をかけない、責任を果たすといった、人間として当然に守るべき規範をもつことである。大切なことは、偏ったイデオロギー（特定の主張や思想にとらわれた観念的な考え）ではなく、しっかりとした思考と意見をもち、社会人として考動することである。

① 自己管理ができること……公私混同せず、感情や欲望に支配されず自分自身をコントロールできること

② 他人に迷惑をかけない……ウソをつきルール・約束を破り、何事も他人のせいにするなど責任転嫁しない

③ 自分の意見をもち、付和雷同しない……何事も正確な事実確認をし、常に「それはなぜか」と考える。少数意見のときでも自分の意見を臆せず述べ、どちらの意見が中長期的に、より優れているかを堂々と議論できる「人」になることである。外国人との商いが増加するなか、論理的な構成による論戦も必要な時代である。発言内容に責任をもつと同時に相手を納得させるためにも「沈黙は金なり」「阿吽《あうん》の呼吸」の時代は終わっていることを再認識し、さらなる研鑽をすべきである。

2 社会規範・各種法令は商いの経典

社会常識・倫理観など社会規範は、長い期間を経て人が経験した知恵である。法令は、社会規範を基礎に人々が社会生活をするとき、人々の組織と生命・財産を守るために人が取り決めた規則である。各種法令は社会生活・商いをするうえでの経典（バイブル）で、人々が法令違反をすれば罰則規定により、また社会規範違反には道義的責任が生ずることを再確認して、考動することである。

3 企業の凋落《ちょうらく》要因（人間精神の腐敗）

企業の業績が低迷するのは、景気をはじめ業種・業態の動向、経営者の資質など、いろいろな原因によるが、企業を支える役職員が愛社精神・法令等を遵守する心の喪失（人間精神の腐敗）によって、守銭奴と化し「分不相応な行動」をすることが最も大きな要因である。

二宮尊徳は、個人・企業・地域社会・国家などの栄枯盛衰・治安興亡について「盛衰治乱存亡の本源は分度《ぶんど》（経済面での自分の実力を知り、それに応じて生活の限度を定めること）を守ると守らざるとの二つにあり。我この分度を守りて領中の衰廃を興し、百姓《おおみたから》を安んじ、上下百年の艱難を免れしむ。子孫永く我が志を継ぎ、富優のときに居ると雖《いえど》も本源たる分度を確守して戻らざるときは、永世上下の福《さいわい》余りありて衰微の憂いなし」と、分度を守り考動することが企業の永続性を維持すると説いている（寺田一清編『二宮尊徳のことば』登龍館より」）。

1989年の東西冷戦の終結前後より、世界のパラダイム（基本的な枠組み）が、新しい秩序のもとで、国の安全・社会・経済・教育などが大きく変化していった。わが国ではマスコミが指揮者となり、信用創造できる金融機関を先頭に、右にゼネコン左に不動産業者の三頭立ての馬車により財テクを進めた。また、エコノミスト・学者・マスコミが三位一体となって、財テクをしない経営者を無能呼ばわり、それに乗った企業・個人の一部が金遊（正規の融資審査基準を逸脱した行為）でバブル踊りをした結果、金憂（未曾有の不良債権・債務発生）となったことは記憶に新しい。そして、後遺症の処理によって日本が苦慮した要因には人間の行為であり、「守銭奴」と化した人間精神の腐敗であったことを肝に銘ずるべきである。上司と部下とは「仲良しクラブ」であってはいけない。

余話２

上司と部下の関係

法令等遵守が叫ばれても一向に実行されないのは、世の中全体が社会常識・倫理・道徳などをわきまえていない仲良しクラブになっているからだ。教育の基礎を習得するためには強制も必要。いま、求められているのは単なる仲良しクラブではなく、各界のリーダーを中心に、鰯《いわし》の群れのように付和雷同することなく議論できる明るい職場づくりが大切である。部下が道をふみはずす傾向のときは、上司は「みてみぬふり」ではなく、叱正すべきである。童謡の歌詞からも学ぶことができる。

めだかの学校（二番）

めだかの学校の めだかたち
だれが生徒か 先生か
だれが生徒か 先生か
みんなで げんきに あそんでる

「親と子、先生と生徒社会における先輩と後輩などみんな仲良しクラブの状況がめだかの学校」
現代の日本社会と類似している

雀の学校

チイチイパッパ チイパッパ
雀（すずめ）の学校の 先生は
むちを振（ふ）り振り チイパッパ
生徒の雀は 輪（わ）になって
お口をそろえて チイパッパ
まだまだいけない チイパッパ
も一度（いちど）
一緒（いっしょ）に チイパッパ
チイチイパッパ チイパッパ

仲良しクラブではなく
リーダーが指導・育成する姿勢
間違い（ルール、社会規範違反に対して）を叱正する態度が雀の学校
現代の日本社会で最も欠けていることである

4 経営を牽引するリーダー像

経営は、「リーダーの采配」によって、企業の盛衰に影響を与える。リーダーの采配は他者を参考にすることはできても「人《ひと》真似」ができない。十人十色で一人ひとり固有なものである。組織のトップともなれば、だれもが優れたリーダーを目指すことは当たり前のことである。優れたリーダーとは、大局的な判断（鳥の目）、業界・自社の動向（虫の目）、時代の方向性（潮の流れ）など洞察する見識をもち、行動し、結果に責任をもつ人である。

1 リーダー像の原点

リーダー像は千差万別であるが、第一に「心身ともに健康（よい心でよいことをする）」であることが必要。第二には、過去の延長線上で思考するのではなく、刻々と変化する時代に対応しながら、意識改革をしつつ分度をわきまえた遵法経営をすることである。第三は、明日に向かって付和雷同することなく、「理非曲直」を識別することで、先人の教訓を学び、他人頼りの姿勢ではなく独立自尊で、掲げた「理念」に対して気概と勇気をもち、私心を捨てて考動する人こそがリーダー像の原点である。かつ、国家観・歴史観をもち、後継者を育成することである。

2　信頼・信用されるリーダーの要諦

(1)　巨耳細口であれ

東洋の知恵に「巨耳細口」という言葉がある。この意味は、リーダーがリーダーシップを発揮するためには、まず情報の収集で「耳」を大きくすること（心耳を開いて、賢人の意見・善言・悪言など広く真摯に聴くこと）が、リーダーとしての第一歩であると説いている。要するに、情報が氾濫しているなかで、迅速に正しい判断をし、誤判断を回避するためには、責任をもって助言する人たちを周りに置きいろいろな情報を収集して、世論に付和雷同することなく、的確な判断をすることが大切である。

これを一言で表現した内容が「巨耳細口」である。

(2)　LEADの意味するもの

東洋のリーダーの基本的な原理・原則が「巨耳細口」と述べたが、西洋の知恵はどうかといえば、リーダーシップというときの「LEAD」というスペルをみるとよくわかる。こじつけかもしれないが、Lは「Listen→よく聴き自己研鑽する」、E「educate→育成・訓練・勉強して自分の知恵をつくる」、A「adjust→調整・適合してオリジナルな自分の知恵にする」、D「decide→決定・決意して実行し結果責任を負う」。これでリードは完結するが、古今東西、時代が変遷しても人間社会で実施する原点は変わらないといってよい。

(3)　リーダーの条件

リーダーに必要な条件は、いろいろな要素があり画一的に定義づけることは困難である。平時と有事で相違するが、次のことを満たさない人は不適格者といえる。

- 数名から千人・万人の部下を統率できること
- 内外から信頼・信用される魅力ある人間性と愛社（愛国）精神を保持していること

そのうえで、リーダーに必要な能力（企画・決断・実行力、責任感等）、すなわちP・D・C・Aを実施するための

① 指導力

部下に目標や計画を示し、職務遂行の指示、チェックを督励する

② 共感性

上司・部下が目標を正しく理解し、同じ目標に向かって、リーダーと部下が職務遂行する

図表２　リーダーに必要な条件

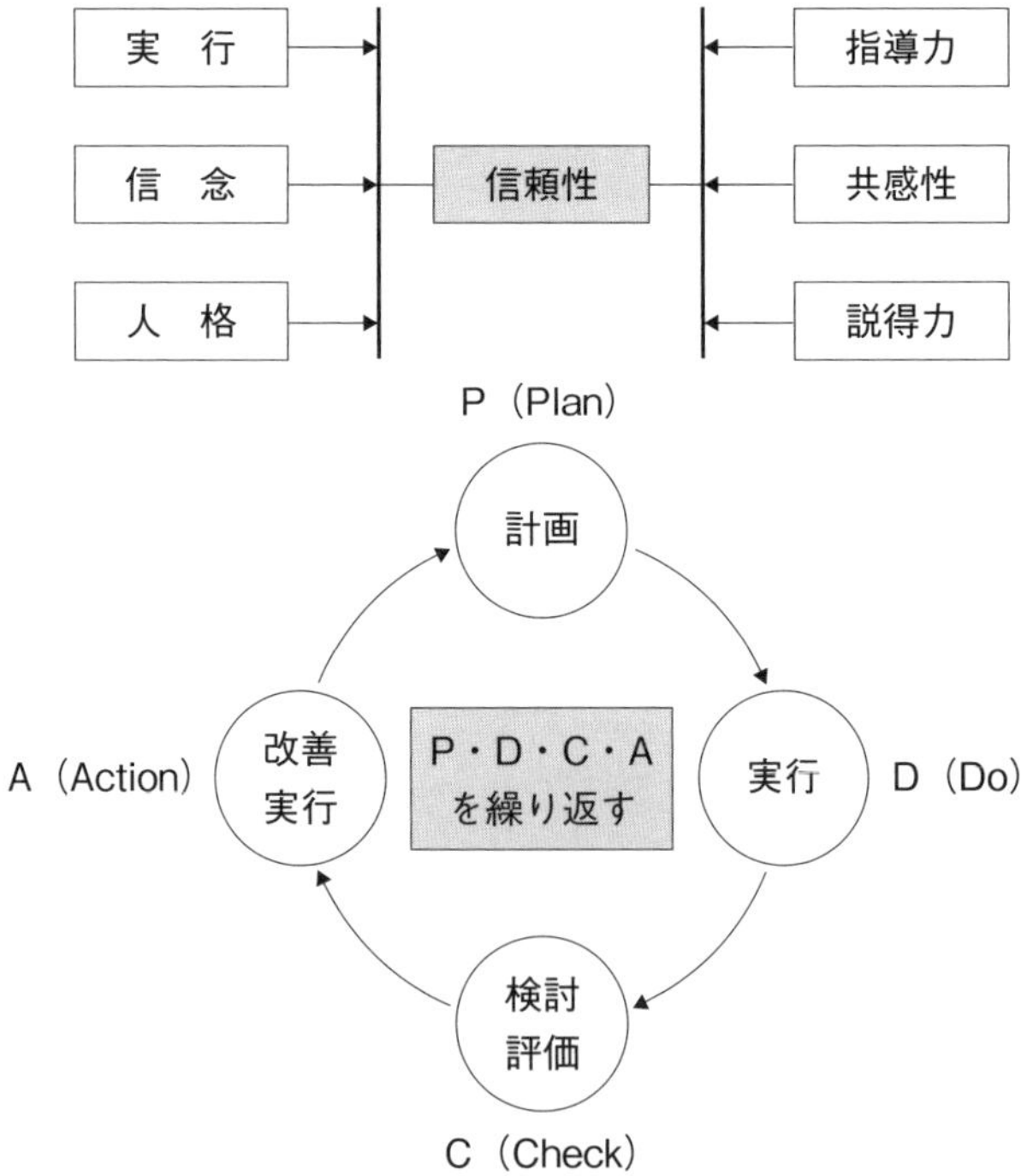

③　説得力

職務遂行するうえで経営の意図を伝達し意思疎通を図るなどを保持していることである。

(4)　日常考動として

経営計画は「未来への意思」であり、未来の意思を実現するリーダーの「一挙一動《いっきょいちどう》」は全体に影響を与える。リーダーは公私混同することなく、「己に厳にして・他人に厳ならず」または「己に厳ならず・他人に厳なる」ではなく、「己に厳にして・他人に厳なる」ことを基本にして考動すべきである。そして経営計画は、高い目標を掲げ、何がなんでもやりぬく強く熱い意思によって、あらゆる障害に耐え、それを乗り越える意思をもちつつ、それが自己研鑽（人生修業）の場であると認識して率先励行することである。

余話３

リーダーは逃げるな!!

逃げると　にげただけの人生が次に来る
甘えると　あまえただけの人生がつぎにくる
自分の力で正面からぶちあたれ
それをのりこえてゆけ

（旅の詩人・須永博士《ひろし》『生きる』）

5 経営の永続性を求めて—求められるリーダーの資質—

経営の永続性の原点は、確固とした「企業理念」をもち、企業の経営資源を有効に活用し、役職員が一体となり目標に向かって全力投球をすることである。そして、第一には「安全性（Safety 1st）」の確保。第二は「顧客に対するサービス（Service 2nd）」の提供。第三は「適正利益（Profit 3rd）」を得ることである。すなわち、顧客に対するサービスの結果が儲けとなる。前にも述べたが、儲けという字を分解すると「儲→信＋者」となり、信者をふやす、つまりファンづくりとなる。そのためにはリーダーの采配が重要であり、その采配によって決まることは、昔もいまも変わらぬ大原則ということである。

1 リーダーに求められる基礎的な資質

時代の変化につれ高学歴化が進み、特に若者ほど知識がますます高度化し、自尊心と他人《ひと》頼りの姿勢が強く、批判精神が旺盛になっている。一方、職務内容は機械化・合理化が進み単純化しているため、リーダーに求められる資質も変化している。

変化の激しい時代には「変化には変化」で対応することが基本となり、世の中が変わればリーダーも相応に変わらなければならない。変化に気づかず、また気づこうとせずに従来の方法に固執していると、摩擦やトラブル発生の要因となる。固定観念にとらわれず、変化に対応できるリーダーになれるよう、継続的な自己研鑽と円満な人格形成に努めることが大切である。

ここで大切なことは、いつの時代でも「変化と不変の原則」、すなわち変化に対応しなければ時代遅れで敗退する。また、さらにいつの時代でも変わらない不変の原則（人・社会常識・倫理観など）を遵守しなければ、社会・市場の信用失墜を招き衰退することを、リーダーは肝に銘じて考動すべきである。

(1) リーダーに必要な基本的な条件

リーダーとして大切なことは、円満な人格（他人から尊敬される人）であること、また、パーソナリティはどのように形成されているかを知り、自己革新をすることである。

① 気質……親ゆずりの遺伝的なもので、たとえば、几帳面・内向的という、先天的な行動特性のこと。

② 性格……人間のパーソナリティ形成において、最も重要な影響を与えるのは「乳幼児期」における両親との生活体験であるといわれる。「少年期」では、遊び友だちの性格・通学する学校の校風・担任の先生をはじめ教わる生活の性格や態度であり、社会人となった「青年期」では、企業理念、先輩、上司の考え方、仕事の失敗、闘病などのさまざまな経験が、その人のパーソナリティの形成に大きく影響を与えている。

一般に表現されている「神経質・偏屈・勝気・責任感・社交性等」といった特性は、乳幼児期から青年期に至る環境を通じて形成される「性格」である。

③ 人生観・教養面……パーソナリティは、気質・性格のみで形成されているのではなく、その人が自分の人

図表３　リーダーに求められる資質

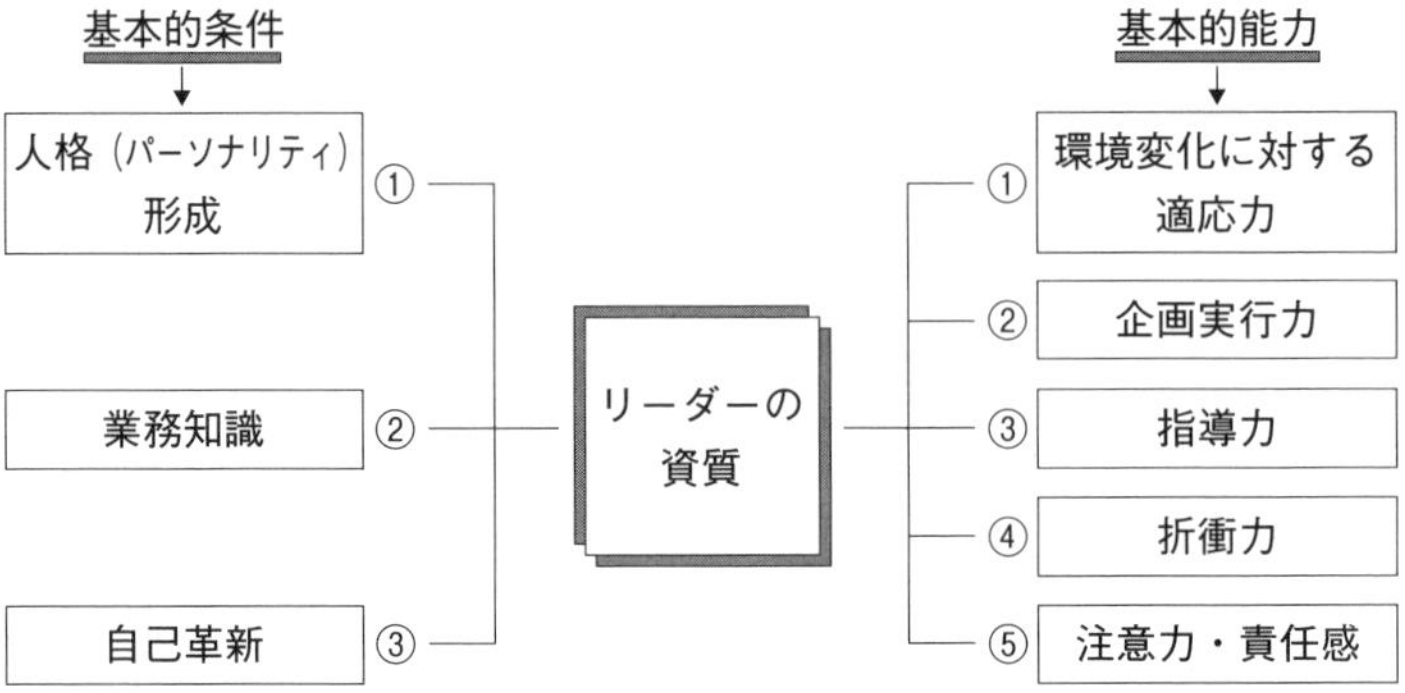

図表４　パーソナリティの形成過程

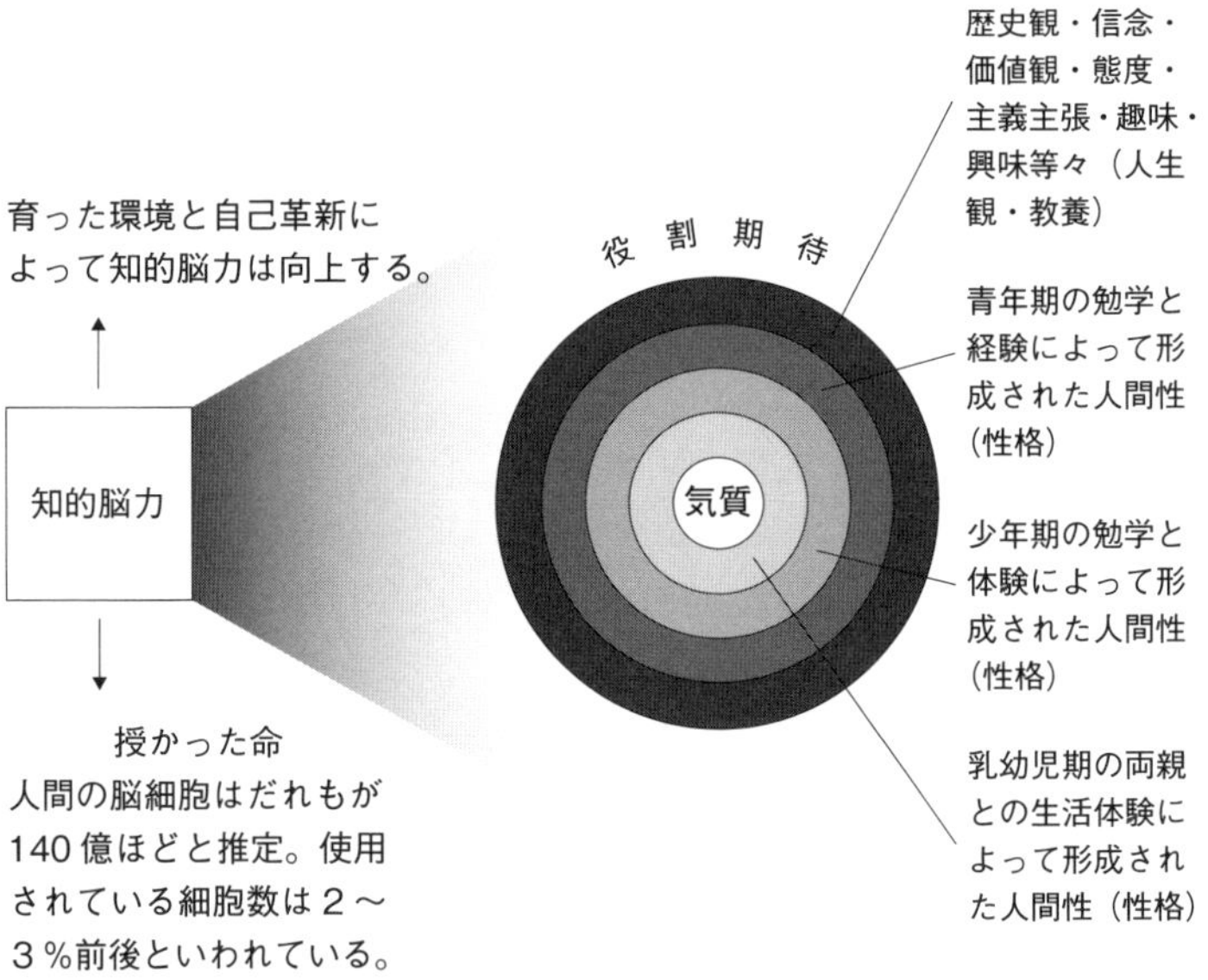

生にどう向き合って考動しているかという態度・歴史観・信念・主義主張等から成り立っている。これが「人生観の層・教養の層」である。

④　役割期待……企業・業界・地域などの「期待」する、または「ふさわしい」と考える人に対する期待度である。私たちが個人として、また組織の一員として集団生活をする場合、そのように感じる相手には何らかの地位がある。支店長、父親・母親という地位、そしてそれらの地位は他の構成員によって期待される「ふさわしい考動」が役割というものに連結している。したがって、その地位に就く以上、その地位にふさわしい役割考動をする必要がある。

役割期待をするような人の使い方をすることが、人の能力を引き出し、行動することによって業績をあげることが可能となることから、人格（パーソナリティ）形成の重要性が叫ばれているのである。

(2)　職務知識の涵養―経営永続性の源―

職務知識、緊急時の決断、責任対応能力の源泉は、社会常識・倫理観と、帰属する組織の基本的な職務知識の習得（社会・経済・金融・財政・業界の動向）にある。それに加えて、国際情勢などの基礎的な知識と実務をもとに対応できる実力を身につけるよう継続的な研鑽を積むべきである。

要するに、人生は「夢とロマン」。限られた時間との闘いで、何を夢みるかによって何ができるかが決まっているといっても過言ではない。夢や目標を見失わないよう「自己革新」をすることが大切である。

図表５　リーダーの基礎的な能力

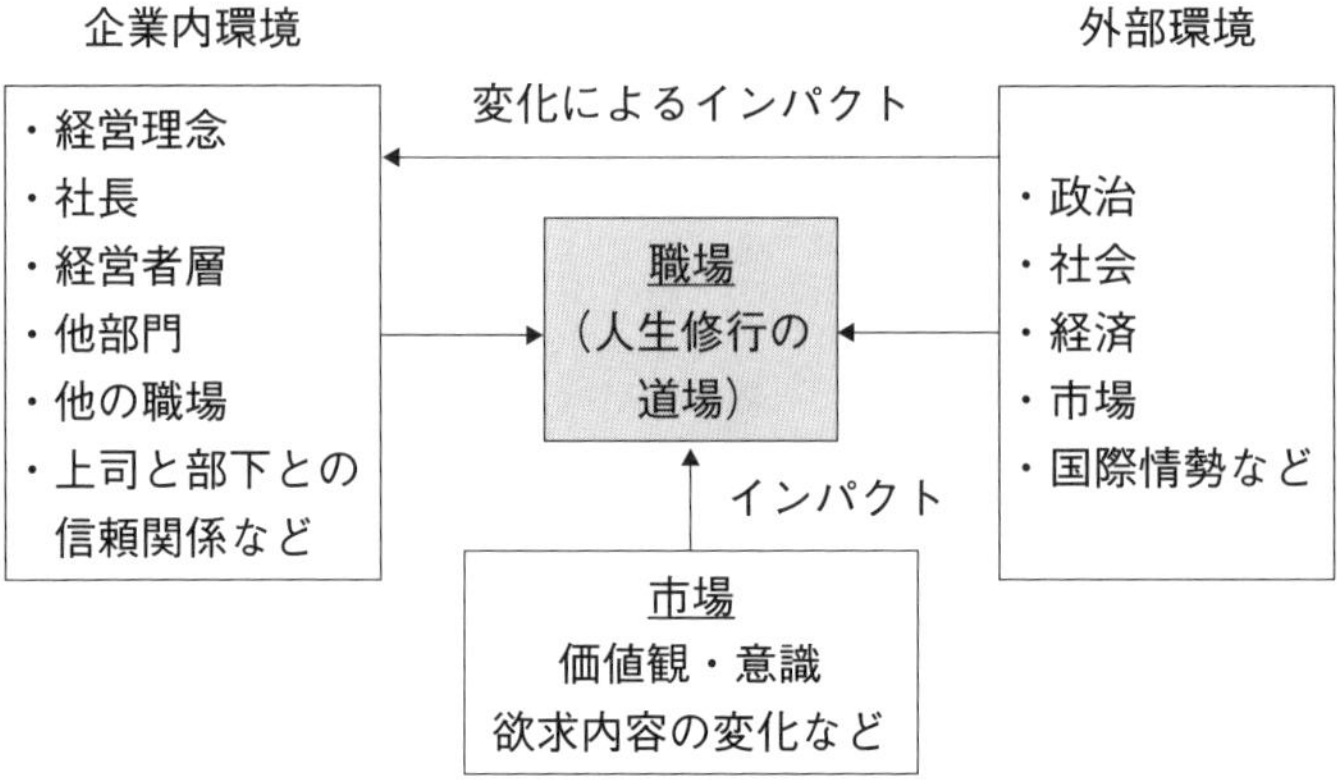

2　リーダーに必要な基本的能力

一口にリーダーといっても、社長をはじめとして、統括する各部署でリーダーが存在している。しかしながら、基本的な能力やその権限と責任などは、その軽重はあっても基本的には変わらず、リーダーとしてふさわしいパーソナリティの形成と、職場を人生の修行の道場として変化の激しい外部環境・市場動向、企業内環境などの把握と企業（国家）の生い立ちを学ぶことが必要である。

(1)　企画力、判断力と実行力

職務を遂行するうえで、真のリーダーは、「定型化された企画・判断力」「定型化されていないもの」「新規事業に対するもの」、さらに「緊急非常時に対する対応」など、さまざまな業務に対する適正な処理をする企画力と判断力（決断）、それを実行する能力が求められる。

刻々と変化する内外情勢を的確に把握し、それに基づいて将来を洞察して適正な経営計画を立案し実行する能力が必要であり、結果に責任を負うということである。

(2) 適応力

企業統治（Corporate Governance）、法令等遵守（Compliance）等々、数多くの経営に関する横文字が流行しているが、内外情勢が激動するなか業界・顧客ニーズの変化を先取りし適切な対応を図るのが、リーダーに課せられた命題である。変化に対する状況分析と適応を日々の業務遂行のなかで身につけることが必要である。

(3) リーダーシップ発揮のための権限と責任

リーダーは日常業務において、前述の「社会常識・倫理観」（本章第3項11頁参照）、「使命感と責任感」「遵法精神」等をもった考動をすることによって、信用・信頼される人のためならばと部下や関係者からの協力が得られてこそ、リーダーシップを発揮することができるのである。

トップ・ミドル各リーダーがリーダーシップを発揮できるのは、リーダー自身の人格はもちろん、関係者の協力に加えて、リーダーに付与された「権限と責任」が明確化され活用できるという状況が整っているかによる。たとえば、責任ばかり過大に負わされて、職務権限が小さければ、些細な事項についても、上司の決裁が必要となり、円滑な業務遂行は不可能である。その逆の場合は、権限の乱用につながる可能性が大きくなる。

a　権限とは

企業が日常の業務遂行に必要な「決定・命令・指示」などの権利である。注意すべきことは、

① 権限は職務に応じて付与されるが、それは固定的なものではない

② 権限は委譲されるが、それを有効・適切に活用して適正利益の創出と社会貢献に寄与するものである

③ 部下への権限委譲は、日常業務遂行上、実態に即して実施すること

④　部下に権限を委譲したら、細部まで干渉せず、自主的に責任をもって業務遂行できるよう努める。また、権限の逸脱の有無、仕事の進捗状況などをチェックし指導すること

⑤　権限委譲することで、委任者の責任を回避することではなく、その結果に対する責任が問われることを忘れてはいけない

要するに、権限委譲は、職責の回避ではなく、部下の企画立案力・判断力・自発的な考動力を養うという、後継者づくりの一端を担う行為であるため、むやみに部下に権限委譲をしてはならない。

b　責任とは

職場では、職務遂行上「責任をとれ」「責任がある」「責任の所在を明確にする」など、いろいろな表現がある。人により、その受け取り方は異なるが、日本語大辞典には「①引き受けて果さなければならない義務、②自分がした行為によって受ける制裁を自分で受けること」とある。先の「責任がある」などの意味は、自分が関係した職務についてトラブル・クレームなど問題が発生したとき、何らかの処置をする義務を引き受けることから、責任とは、企業の経営方針のもと、担当する職務を遂行する義務をいい、これが「職責」である。各界には「職務権限規定」「職務規定」に、階層別の職責が収録されている。

c　権限と責任は表裏一体

権限と責任はイコールである。権限だけあって責任がないとか、またその逆もありえない。職務遂行上、リーダーと部下との責任関係にあっては、仕事を任せる人・仕事を任される人によって進行し、その結果はそれぞれが責任を負う。仕事を任せた者は「結果責任」を、仕事を任せられた者は「実行責任」を負うことになる。リー

ダーは、部下に権限を委譲したからといって、その責任を逃れることはできず、また部下も「リーダーの指示どおり仕事を実行したができなかった」と責任を回避することはできない。この当たり前のことを「任せる人・任される人」の双方がよく理解することが大切である。

要するに真のリーダーは「使命感＋知力（企画・立案）＋実行（考えて行動）＋体力（実行するために必要な体力）＋人格＋責任を負い、言い訳＋泣き言をいわない人物」のことである。

高学歴とは、リーダー自身が高い志をもって、学んだ学問の歴史が「学歴」で、この学び身につけたことを実践し「公」に奉仕することである。

第2章

■先人に学ぶリーダー像

1 さまざまなリーダー像

私たちの先輩（祖先）は、遠大な理想のもとに道義国家の実現を目指した。それぞれの時代の人たちが「祖国愛」をもち、国家（企業）の安全と国民（従業員）の生命・財産を守るため「不惜身命《ふしゃくしんみょう》」で、リーダーと国民（従業員）が考動した結果、現在の日本（企業）がある。きらめく星のごとくあるリーダー像のなかから「信長・秀吉・家康」のリーダー像を紹介する。

1 人真似できない先人たちのリーダー像

世の中、古今東西、困難・企業の危機を克服したすばらしいリーダー（指導者）が数多く存在し、名宰相・名経営者等、後世に名を残している。先人たちのリーダー像から時代の背景を読みとり、その考動を参考にすることは可能であるが、決して真似することができない「人格・個性」（パーソナリティ）がある。そして一人ひとり固有なものであることを再認識することが先人たちのリーダー像を学ぶ第一歩である。

2 有名な三英傑「信長・秀吉・家康」のリーダー像

リーダー像には千差万別あり、どのタイプが優れているかということは断言できない。「信長・秀吉・家康」

の三英傑のリーダー像は有名。人真似をするのではなく自分自身の人格・個性を発揮し、決断・責任を負うことが、リーダーとしての必要最低条件である。三英傑の「ほととぎす」を紹介する。

(1) 信　長

『啼かざれば殺してしまえほととぎす』

この一句を乱暴であると考える人もいよう。しかし、信長の行動をどうとらえるかによって見方はまったく異なる。

信長型のリーダーシップを世間では「激情型」であると思考する人が多数である。全体像をみると、天文12（1543）年、種子島に漂着したポルトガル人が所有していた、わずか3丁の鉄砲を尾張清洲の田舎大名が大量生産化。源平以来の古い戦術のなかに採用して、前半を長槍と気魄で戦い後半を鉄砲と機略で戦い、時の最強軍団「武田勢」を滅ぼし、徳川を押え、佐々・上杉等の諸大名を押え上洛しえたのは、真に軍隊の近代化をなしとげたからである。信長は、新しい事物に対する理解力と全体像をどうとらえるか、すなわち戦略と戦術を混同することなく、失敗を恐れず、綿密に「企画・立案」し「実行の責任を負う」考えの持ち主であったといえる。

兵農分離、楽市・楽座の開始、安土桃山城の築城には洋式の築城法を導入、古き良き伝統・文化を継承すると同時に、新しいものの開拓者（Pioneer）で、豪宕《ごうとう》な気魄と勇敢な進取に「勇気ある自由と思慮分別」をして対処したリーダーであったのではないだろうか。

(2) 秀　吉

『啼かざれば啼かしてみようほととぎす』

家康を辛抱人ととらえるならば、秀吉は働き手である。

秀吉型のリーダーシップは、質素な足軽の子どもとして生まれ、苦難の草履とり藤吉郎時代・大名となって賤ケ岳《しずがだけ》の戦いで柴田勝家を破り、関東・奥羽を制圧、天下統一し、関白となり領土裁定権を得た。「惣無事令」を発布し戦国大名や惣村がもっていた交戦権を廃止し、自ら太閤となる。その所業は、全国的な太閤検地の施行で「兵農分離」を推進し、石高制に基づく大名領地・貢租収集制度を定め、さらに主要地の直轄化など近世の幕開けの基礎を構築している。

秀吉は、小マメにも大マメにも、口八丁・手八丁以上に骨身を惜しまず「不惜身命」で目標に向かって働き抜いた「率先垂範《そっせんすいはん》」のリーダーであったといえよう。しかし、太閤秀吉として天下人《てんかびと》になってから、いささか自意識過剰となり、その間隙に胚胎《はいたい》したものが晩年と死後に続く大阪の陣の悲劇の一因となったともいえる。「平家物語」冒頭の「祇園精舎の鐘の声　諸行無常の響《ひびき》あり。（中略）おごれる人も久しからず、ただ春の夜の夢のごとし。たけし者も遂には滅びぬ」の一説にあるように、全盛期に百年の計を立案しなかったのではないかと考えられる。信長に仕え、自分流を編み出し頂上に立ったリーダーであったといえる。

(3)　家　康

『啼かざれば啼くまで待とうほととぎす』

辛抱強いとか調整型とか、さらには「狸親父」といわれているが、日本を長期にわたり統治した江戸時代の基礎をつくり、平和時代を現出させている。家康が実施した諸施策は、見方によっては、国家の安泰より徳川家の安泰を優先した諸施策が散見されるなかで、独自の江戸文化を開花させている。

家康型リーダーシップの特徴は「人の一生は、重荷を負うて遠き道を行くが如し、急ぐべからず。不自由を常と思えば不足なし（中略）堪忍は無事長久の基、怒りは敵と思え（中略）己を責めて人を責むるな」であり、いかに辛抱人で深謀遠慮であったかがわかる。

日本の近世への扉をあけた信長、それを完成させた秀吉、そのすべてを受け継ぎ江戸時代２６５年の基礎づくりをした家康、三者三様のリーダー像をみることができる。

3　人真似ではないリーダー像を求めて

人真似のリーダーとしてではなく、自分自身がどのようなリーダーであるかをこの際、自己点検し自らの「長所・短所」を知ることが大切である。企業（国家）の永続性を維持するために、人材（財）の育成と適正な利益をあげ社会貢献し、業績向上に寄与できるリーダーになるため、継続的な自己研鑽が求められている。

2 現代に生きる先人訓

有史以来、後世に名を残し尊敬された人たちは、自らの修養と激動の人生を生き抜いた体験を人生訓として、また「人間の行動規範」として次世代の人たちへ伝えている。それらの教訓は、現在の社会生活や企業の営業活動に活かされている。1400年以上も永続している宮大工の建設会社や100年以上永続する企業が5万社も現存するのは、横文字の経営・経済学のみに依存せず、先人が築いた先人訓の神髄を真摯に学び、現代経営に応用した結果であるといえる。国際化というかけ声に惑わされることなく、世界に誇れる良き日本の先人訓をおおいに学習し日々の考動に活用して企業の永続性に寄与すべきである。

1 現代人の使命

(1) 現代人は過去と未来への中継者

社会を動かす主役は、いつの時代も「人間」であることは不変の原則である。人間は、過去「……→曾祖父母→祖父母→父母」から、現代に生きる私たち、そして未来「子→孫→曾孫……→」へと、また、「命」が連綿と家系・歴史となって承継されていくのと同様に、国家・企業も、先人たちがそれぞれの時代に汗と涙を流し、血のにじむ努力で、全身全霊を打ち込んで幾多の危機と闘って築いてきた固有の伝統・歴史・文化・物語等の「財物」がある。現代人は、こうした先人たちの努力によって得られた財物を受け継ぎ守り育てる義務と、次世代を担う若者に引き継ぐ義務がある。

この「財物」の承継について、空前の世界的ベストセラーとなった不朽の名著、英国のサミュエル・スマイルズ（Samuel Smiles）の〝Self Help〟「自助論（天は自ら助くる者を助く）」がある。これは『西国立志編』として、中村正直（天保3（1832）〜明治24（1891）年、幕末から明治中期までの教育・思想家。東大教授・貴族院議員など歴任）が翻訳し、明治4（1871）年に100万部を売り上げ、わが国初の超ベストセラーになっている。「セルフ・ヘルプ」は、人間が真の成長と強い企業（国家）を構築する原動力は「自助の精神」であると説いている。次いで、現代に生きる人間は「祖先の技術や勤勉によってもたらされた「豊かな財物（自国の正しい史実・伝統・文化・倫理観・財産等）」」を受け継ぎ、その「財物」を損なうことなく、自らの責任で守り育て、次世代を担う若者に引き継いでいく責務があると述べている。すなわち、企業の永続性を維持するための要《かなめ》を説いているのである。

2　授かった命「与命」—使命感と時間の活用—

私たちは、親・子どもを選んで生まれてくることは不可能である。生命は、天から授かった尊い「命」を正しく「使」う（逆に読めば、「使命」感をもち、それぞれの職業で全力投球の考動をする）ことを意味している。

人生とは、各人に与えられた時間「与命＝寿命」をいかに有効に利用するかということで、人生には「余生」

などないといえる。仮に、人生80年といっても、日数にすれば2万9200日、単純に時間換算すれば70万8000時間、睡眠と仕事の時間を差し引いた約20万時間が自由に利用できる時間という考え方もできる。

過ぎ去りし昨日を追うな、来る明日を待つな、今日こそ今日を逃すな全力投球、1日1日、その時々を大切にする。千利休の弟子、山上宗二の言葉「一期一会」につながる。

3　道を極める—継続的な自己啓発・大志を抱いて—

先人たちは、あらゆる業態の達人（エキスパート）を目指し「商道・茶道・華道・剣道・柔道等々」にあるように「道」を極めるためには、その基本となる「足ることを知る心」「守・破・離」が大切であると同時に、「大志」をもつことが大切であると説いている。現代人が忘れてはならない先人訓である。

(1)　少欲知足—足ることを知る心（分不相応な行動は展開しないこと）—

道元禅師（注）は「貧しいことが、善でもありません。豊かなことが、悪でもありません。貧富にかかわらず、貪欲の心が起きるとき、人は美しい心を失うことになる。仏心とは、足ることを知ることである」と説いている。

また、水戸光圀が贈ったと伝わっている京都、龍安寺《りょうあんじ》の知足の蹲踞《つくばい》に刻まれている「吾唯足知」（吾れ唯だ足ることを知る）も同様な意味である。

（注）道元禅師（正治2（1200）～建長5（1253）年）：鎌倉前期の禅僧・曹洞宗の開祖。

(2) 守・破・離とは

千利休(注)は和歌で「規矩《きく》作法、守りつくして破るとも、離るるとても基《もと》を忘るな(守・破・離)」と詠んでいる。意味は、何事も基礎・基本を身につけ、さらに成長するために、その基礎・基本を乗り越えて離れることであり、基本があって応用(自由自在)が可能となるから、徹底して基礎・基本を身につける「守」が最も大切であると説いている。あらゆる職種の仕事に対する「道」を極めるための原理原則である。

(注) 千利休(大永2(1522)~天正19(1591)年):安土・桃山時代の茶人。

(3) 道を極める

a 継続的な自己啓発

私たちが職業人として、その職業のエキスパートになることが、顧客サービスの基本であり、自分自身の幸福、法令等遵守の業務遂行に直結し、その結果企業が成長し発展することになる。

道を極めるためには、「少欲知足」「守・破・離」などを正しく理解して、いままで得た経験・知識・技術が1年も経過すれば陳腐化し役に立たなくなってしまうほど変化が速くても、変化に対応すべきものと、変化してはいけない「企業の背骨」を識別する。また、新しいものに挑戦できる能力をもつために、他人《ひと》頼りの姿勢ではなく、自らの自己啓発目標を掲げて継続することである。

自己啓発目標を実施するためには、いくら立派な計画があり、ヤル気があっても、実行しなければ「画に描いた餅」である。「千里の道も一歩より」という諺があるように、自己啓発目標に向かって、一歩を踏み出すことである。途中で挫折しないために、毎日勉学する習慣(クセ)をつけることで、毎日30分間実施しても1年間実行すれば182時間、日数に換算すれば7・5日（1日24時間寝食せず）勉学することになる。「塵《ちり》も積《つ》もれば山となる」を英国では、Many a little makes a mickle（小さいものも多く集まれば大きいものになる）。

自己啓発には「濡れ手で粟《あわ》」ということはなく、まさに日々研鑽「継続は力なり」で、小さいことから始めて積み上げていくことが、着実に成果をあげる秘訣である。そのためには、厳しさよりも楽なほうへ流されないように「志」をもって、心身ともに健康な生活を送るように心がけることが大切である。

b　志をもった考動を

知らない人がいないほど有名な言葉にクラーク博士（注）の「青年よ大志を抱け」がある。これは授かった尊い命を「志」をもって、名誉・金のためではなく世のために考動して自己実現を果たすことが大切であり、それぞれの職業にある「使命」を全力投球で全うすることを意味する、職業差別のないことを示唆している名言である。

人生とは、貸借ができない、取り戻すことができない「時間との闘い」であることを、肝に銘じて実行すべきである。

市場原理を叫び過剰な金銭欲で守銭奴化すると同時に、名誉・権力欲のために行動する人が世界中で少なくない。クラーク博士の言葉の意味をよく理解し

「国民よ※大志を抱け」

Boys, be ambitious	国民は※それぞれの立場で、大志を抱け
Not for fame	名声のためでなく
Not for money	金のためでなく
Not for self aggrandizement	自己権勢の拡大のためでもなく
But for self fulfillment	自己実現のために

※「青年よ」を国民の立場で読み替えた。

て、深く心に刻みつけて忘れないようにしたい。

（注）クラーク博士（1826~1886）：アメリカの教育者でマサチューセッツ農科大学学長。明治9（1876）年、札幌農学校（現在の北海道大学）初代教頭として来日。

3 江戸後期の碩学に学ぶ

「企業の社会的責任」が問われているいまこそ、先人石田梅岩、佐藤一斎、二宮尊徳、細井平洲《へいしゅう》など、江戸後期の大学者の先人訓を、学び会得し実行すべきである。

1 石田梅岩（注）に学ぶ人材育成―わが身を正す―

> 子を直さんと思はば、先づわが身正しく、過ちを改め約を守り、吝《しわき》なる心を止《とど》め言行一《いつ》に行はば、わが身を見ることも明らかに成るべし。子を見ることも明らかなる時は、言を待たずして見習ひ、自然と道にも入る可《べ》きか。

わが子を説諭しようとすれば、まず親自らが日常の行いを正し、規律を守り、けちな心を捨て去り、言行一致の行動をすべきである。真に昨今の政・官・業・マスメディア・学者等々リーダーといわれる人たちに実践してほしい名言である。

（注）石田梅岩（貞享2（1685）～延享2（1744）年）：江戸時代の思想家、倫理学者。石門心学の開祖。寺田

一清編『石田梅岩のことば』登龍館より。

2 佐藤一斎（注）に学ぶリーダーシップ―重職心得箇條―

「重職心得箇條」は佐藤一斎が岩村藩の重役のために著したもので、現代のリーダーにも参考となる内容である。

（注）佐藤一斎（安永元（1772）～安政6（1859）年）：江戸後期の儒学者。美濃岩村藩士の次男として生まれ、昌平坂学問所塾頭。

(1) 重職心得箇條

① 重職は、それにふさわしい威厳が必要である
② 重職は、自分の好みでない部下をこそ尊重して登用せよ
③ 重職は、時に応じて、よき伝統は維持して改めるべきことを改めよ
④ 重職は、前例や規制にとらわれてはいけない
⑤ 重職は、チャンスを逸してはならない
⑥ 重職は、渦中にのみこまれてはならない（物事の全体像を見失うな）
⑦ 重職は、無理強いや押しつけをしてはならない（苛虐の戒め）
⑧ 重職は、心に余裕をもって、忙しいといってはならない
⑨ 重職は、託された重大な権限は自ら執行せよ（責任回避するな）
⑩ 重職は、物事の優先順位を見極めて、目先のことにとらわれてはならない

⑪　重職は、人を分けへだてしない度量をもて（公平無私）
⑫　重職は、他人の意見にも謙虚に耳を傾けよ（独断専行の戒め）
⑬　重職は、議論にも相互信頼を失ってはならない（責任と闊達な議論）
⑭　重職は、不要な仕事に手をかけすぎてはいけない
⑮　重職は、表裏があってはならない（組織は上から腐る）
⑯　重職は、公開すべき情報は公開せよ（ウソ情報は厳禁）
⑰　重職は、部下の気持ちを明るく保たなければならない

（出典）佐藤一斎著・中村安宏編・氏家幹人訳『誰でもわかる重職心得箇条』（平凡社）、佐藤一斎著・川上正光全訳注『言志四録㈠』（講談社学術文庫）

(2)　**言志四録から人間の生き方を学ぶ**

佐藤一斎の著には「重職心得箇條」のほかに、有名な「言志録」「言志後録」「言志晩録」「言志耋《てっ》録」がある。この四篇をまとめて「言志四録」といい、現代に通じる先人訓として人財育成に活用されている。その一端を学ぶことにする。

①　知分と知足（分を知り、然《しか》る後に足るを知る）
自分の身分を知れば、望外のことは望めず、また自分の天分を自覚すれば、現状で満足することも大切であることを意味する言葉である。

②　得意時の注意（得意の時候は、最も当《まさ》に退歩の工夫を著《つ》くべし、一時一事も亦《また》皆亢龍《こうりょう》有り）

私たちは得意技とか絶頂期に自惚《うぬぼ》れて失敗することが多いので、目標を達成したときこそ、一歩さがる（次のことを考える）べきである。つまり、尊貴を極めた者は次なる一手を考えておかないと低迷したとき悔いが生ずるということである。

③ 政治の要締（注）（土地人民（企業の設備・従業員）は天物なり。承けて之を養い、物をして各《おのおの》其《その》の所を得しむ。是れ君の職なり。人君或は謬《あやま》りて、土地人民は皆我が物なりと謂《おも》うて之を暴《あら》す。此を之れ君、天物を偸《ぬす》むと謂う）

（注）経営の要締と読みかえる。

昨今、発生している不祥事件の多くは、トップリーダーが公私混同していた乱脈経営の発覚である。この言葉は、当時、地方を統治する大名・小名に対する「苛斂誅求《かれんちゅうきゅう》」を戒めたもので、現代における大・中・小企業の経営者に対する戒めと同じである。

④ 君道と市道（被使用人と使用人の道）

> 君《きみ》の臣《しん》に於ける、賢《けん》を挙《あ》げ能《のう》を使い、与《とも》に天職《てんしょく》を治《おさ》め、与《とも》に天禄《てんろく》を食《は》み、元首股肱《げんしゅここう》、合《がっ》して一体《たい》を成《な》す。此《これ》を之《こ》れ義《ぎ》と謂《い》う。人君若《じんくんも》し徒《いたずら》に、我《わ》れ禄俸《ろくほう》を出《いだ》し以《もっ》て人を畜《やしな》い、人将《ひとまさ》に報《ほう》じて以《もっ》て駆使《くし》に赴《おもむ》かんとすと謂《い》うのみならば、即《すなわ》ち市道と何を以《もっ》てか異《こと》ならむ。

現代風にいえば、経営者と従業員の関係を述べている。君（経営者）はその臣（従業員）に対して、賢者を採用し、有能者を活用して、其々に、天から授かった職分を全力投球で尽し、ともに天禄（給与）をいただき、元首（経営者）である君主（社長）と、輔弼《ほひつ》の臣が一体となって国家（企業）に尽すことを「義」という。しかし、もし君主が、自分が禄を出して人民を養っていることから、人民等がその恩義に報いようとして、自分の命令のままに追い使われようとしているとすれば、利益追求だけの守銭奴と何ら変わらない。つまり、部下の使い方が道義にかなっておらず、私物化したことに対する戒めを説いている。大王製紙・オリンパスの不祥事も、経営者がこの先人訓を学んでいたら防止できたかもしれない。

⑤ 酒によって狂う人生（何事も使い方が大切）

酒は百薬の長とも気違い水ともいわれている。酒三則のうち、その一つを紹介する。日常生活で活用し心身ともに健康で考動したい。

> 酒は穀気《こくき》の精《せい》なり。微《すこ》しく飲《の》めば以て生を養《やしな》う可《べ》し。過飲《かいん》して狂酗《きょうく》に至るは、是れ薬に因《よ》って病《やまい》を発《はっ》するなり。人蔘《にんじん》、附子《ぶす》、巴豆《はず》、大黄《だいおう》の類《るい》の如きも、多《おお》く之を服《ふく》すれば、必《かなら》ず瞑眩《めいけん》を致《いた》す。酒を飲んで発狂《はっきょう》するも亦猶《またな》お此《か》くのごとし。

要点は、酒は穀物の気の精である。これを少し飲めば養生《ようじょう》によい。飲み過ぎて気違い沙汰《ざた》を呈するようになるのは、薬によって発病するようなものだ。漢方で用いられる人参《にんじん》、附子《ぶす》、巴豆《はず》、大黄の類も、多く服用すると必ずめまいを生ずる。酒を飲んで発狂するのもこのたぐいであり、「過ぎたるは猶及ばざるが如し」のように物事を分別することを説いている。

3　二宮尊徳（注）に学ぶ「夜話三題」

(1)　百年の計で着実な年輪経営

遠きをはかる者は富み、近きをはかる者は貧す。それ遠きをはかる者は、百年のために杉苗《なえ》を植《う》う、まして春まきて秋実る物においてをや、故に富有あり。近きをはかる者は、春植えて秋実る物尚お遠しとして植えず、唯眼前《ただがんぜん》の利に迷うて、まかずして取り、植えずして刈り取る事のみ眼につく、故に貧窮す。

と述べている。現代人が日常生活や、営業活動をするうえで肝に銘じて考動すべき先人訓である。

(2)　不平・不満の排除

道元禅師の「足ることを知る心」と同様、二宮翁夜話は、足ることを知らずとして、

夫《それ》世の中汝等が如き富者にして、皆足る事を知らず、飽くまで利を貪《むさぼ》り、不足を唱ふるは、大人《だいにん》のこの湯船の中に立ちて、屈《かが》まずして湯を肩に掛けて、湯船はなはだ浅し、膝《ひざ》にだも満たずと、罵《ののし》るが如し。

と述べている。不平・不満はストレスの要因となり日常業務に支障をきたすため、足るを知ることで正しい考動が可能となる。

(3) 有事に対する備え

いま、危機管理と叫ばれているが、いつの時代も私たちを襲う脅威は存在する。先人は有事に対する心構えとして、物を大切にする、常に緊張感（心をひきしめる）をもつ、世の中に役立つ（いざというときに公《おおやけ》のために働く）ようにといっている。

「人は云う、我が教え、倹約を専《もっぱ》らにすと。倹約を専らとするにあらず。変（有事）に備えんが為なり。人は云う。我が道、積財を勤《つと》むと。積財を勤むるにあらず、世を救い世を開かんが為なり」

まさに、現代人が喪失している公の大切さを述べている。

（注）二宮尊徳（天明7（1787）～安政3（1856）年）：江戸後期の農政家・思想家。通称金次郎、相模（現小田原市）の人。寺田一清著『二宮尊徳のことば』登龍館より。

上記、3人の碩学の先人訓は、長い時代を経ても色あせない人生の標識である。誇りある日本人として実践し、国際化時代のいまこそ世界へ発信すべき言葉である。

なお、筆者の郷土、尾張の偉人として敬愛されている細井平洲（享保13（1728）～享和元（1801）年、江戸時代の儒学者）を紹介しておきたい。実学を重んじ、経世済民（世を治め、民の苦しみを救うこと）を目的とした彼の教えは今に通じるものがあり、全国の大名から一般庶民まで幅広い層の心をとらえ、米沢藩中興の祖といわれる上杉鷹山は、平洲の教えを実行して藩の財政を立て直した。平洲記念館にある石碑には「學思行」（学び、考え、実行することで、はじめて学んだという）とある。要するに、学びて知らざるを知りて実行することである。

4 リーダーの義務と責任

リーダーといっても、企業・団体などの組織全体を統括する最高経営責任者から、取締役・部長・支店長・課長・係長など、その「義務と責任」は幅広く千差万別である。あらゆる業界で事業を円滑に推進するために部門別の責任者（オフィサー）が置かれている。それと同時に、相互牽制機能が有効に機能するように、目標達成をする仕組みがつくられており、役職員が職務分担を理解し責任を共有している。職務違反をすれば、職務に応じて責任を負担することになる。

1 取締役の義務と責任

取締役・理事等の企業・団体などの経営者は、帰属する事業経営に関し基本的な義務として、善良な管理者としての注意義務、忠誠を尽くす忠実義務を負っており、この義務に違反すれば損害賠償責任・降格・解雇などの処分を受けることになる。

取締役の義務について考えてみる。

① 企業と役員および会計監査人は委任関係（会社法330条）

役員等は会社に対して「善良な管理者としての注意義務」（民法644条）を負うこと。

② 法令（民法・会社法ほか）

定款の定めならびに株主総会の決議を遵守し、会社のため善良な管理者として「忠実」にその職務を遂行する義務（会社法355条）を負うこと。

③ 取締役個人と会社との間で売買などをする

自己取引を行う場合（会社法356条1項2号）や、取締役個人が会社の業務と競合する取引をする場合（同項1号）には株主総会の承認を得る必要がある。

④ 取締役が故意・重過失で職務違反した場合

会社と取引をした第三者に損害が発生すると、第三者が被った損害を賠償する義務（会社法429条）が生ずる。

取締役には、前記のほか、「独占禁止法」「不正競争防止法」の規定に違反したり、「粉飾決算」「入札談合」などを行えば「経営責任」を問われる。

2 執行役員・執行役・会計参与・会計監査人の責務

① 執行役員

法律上の取締役ではなく取締役会で選任された、代表取締役の指揮で業務執行を分担して行う責任者で重要な役割を担う者である。

② 執行役

委員会設置会社において執行役・代表執行役という制度があり、執行役員と同様に取締役ではないが、取締役会が委託した業務執行を決定・実行する権限を有している者である（会社法418条）。また、執行役が1名のときは当該執行役が代表執行役（同法420条）となり、会社法上で業務執行権、代表権を有している取締役と同様に株主代表訴訟の対象とされるので、執行役員より責任が重いポストである。

③　会計参与

取締役、執行役と共同して計算書類を作成する者（会社法374条）で、株主総会で選任され（同法329条）、公認会計士（監査法人を含む）または税理士（税理士法人を含む）しか就任できない（同法333条）。株主総会で計算書類に関する説明義務を負い（同法314条）、株主代表訴訟の対象（同法847条）となり、計算書類の虚偽記載について第三者に対して責任を負う者である（同法429条2項2号）。

④　会計監査人

株式会社の計算書類およびその付属明細書、臨時計算書ならびに連結計算書類を監査する責務がある。取締役の職務執行に関し、不正行為、法令・定款に違反する重大な事実を発見したときは、監査役に報告する義務（会社法396条・397条）などを課されており、株主代表訴訟の対象者である（同法847条）。

3　取締役等の役職者に求められる注意義務

取締役、執行役員など経営に携わる幹部は、常時、企業の財務・業務運営について良識と知識をもったうえで大所高所から、企業経営に必要な、ヒト・モノ・カネ・情報・時間など全般を把握する使命と責任がある。経営陣も「神様ではなく、ヒトの子」であり、経営のプロとして経営判断したことが絶対に正しいということはありえない。激変する内外情勢下にあっては、多かれ少なかれ判断ミスが発生することもありうる。経営に参画し意思決定をするとき、どの程度の注意義務を求められるのかが問題となる。

激動する時代、取締役等の幹部が意思決定する場合、知識として単に知っていること、知っていたことを確認するだけではなく、経営のプロとして案件について過去・現在・将来展望をよく検討し、さらに特定の専門分野に関して不透明な事項は専門家に意見を求めるなど、独断・独善を回避することである。

徹底した真摯な議論の末に決定された案件は、そこに役職の「心＝魂」があり、役職員が一体となって考動するため、判断ミスを回避することができ、事を成就する可能性が高くなる。

企業経営は、常にリスクと表裏一体であり、危険を回避しつつ経営の意思決定がなされ成長してきたことを忘れてはならない。

5 世界共通ともいえる「不変の価値観」

明治後半の日露戦争後、当時列強諸国から世界共通の普遍的な価値観であると賞賛された「教育勅語」には、人間が社会生活をするうえでの人間関係学が記述されている。列強の要請もあり明治40（1907）年、菊池大麓《きくちだいろく》（安政2（1855）〜大正6（1917）年）、数学者・教育行政家、東大・京大総長、文相歴任）、新渡戸稲造らによって、英語・仏語・独語・漢語に訳された。また、在外公館を通じて世界へ発信され、国際的に人間の生き方の基本として、ケンブリッジ大学をはじめ各地で教材として活用されたようであるが、これは、まさしくいま日本人が学ぶべき社会常識、倫理観なのである。

1 良識ある日本人としての考動指針

先人たちが実施し諸外国から賞賛された教育勅語の内容は、「戦前＝悪・戦後＝善」と短絡的に決めつけず、人間の生きるための経典（バイブル）であり、リーダーとして円満な人格形成に努める基が記述されている。良識ある日本人としての考動指針として「現代語」に書き替えた内容は、以下のとおりである。

良識ある日本人としての考動指針――私たちの不変の原則

私たちは、良識ある日本人として、当たり前のことを当たり前に実行する必要があります。具体的には、子どもは親に孝養を尽くし、兄弟・姉妹は互いに助け合い、夫婦は互いに仲良く、友達は胸襟を開いて信じ合い、また自分の言動には責任を持つとともに、納税義務を果たし、他人を誹謗中傷することなく、かつ自己研鑽を怠らず、自分が選んだ職業に専念し、知識を涵養し円満な人格形成に努め、国内はもちろんのこと、国際社会で信頼・信用される「日本人」（愛国心をもった）になることです。

さらに、自らすすんで真摯に地域社会のために貢献し、社会常識や倫理観・使命感・責任感などは先輩の教訓を習得し、国（企業）の安全と国民（従業員）の生命・財産が侵される非常事態が発生したときには、日本国民として国の平和と安全のため、気概と勇気をもって全力投球で奉仕する心をもつことが求められます。このような行為は、私たちの先輩がいままで実行してきたことです。

良識ある日本人が進むべき道は、先輩が汗と涙、血のにじむ努力により国（企業）を建設し、私たちが受け継いだ「主権国家日本」に誇りをもち、自虐的にならず次世代の若者に、さらに優れた国（企業）にして引き継ぐ責務があることを認識することです。

先輩の経験と努力によって得られた古くからの生活の知恵で、「過去・現在・未来」も変わらぬ、よき教訓と伝統文化を理解して、企業・家庭・地域社会で「志」をもち、何事も「他人に責任転嫁」せず、人生の主役は自分自身であることを知り、「独立自尊」することです。

前記指針は、明治神宮崇教会刊意訳教育勅語（明治23（1890）年10月30日渙発《かんぱつ》）をさらに筆者が現代口訳し

ENGLISH TRANSLATION

Know ye, our subjects:

Our Imperial Ancestors have founded Our Empire on a basis broad and everlasting and have deeply and firmly implanded virtue; Our subjects ever united in loyalty and filial piety have from feneration to generation illusrated the beauty thereof. This is the glory of the fundamental character of Our Empire, and herein also lies the source of Our education.

……略……

The Way here set forth is indeed the teaching bequeathed by Our Imperial Ancestors, to be observed alike by Their Descendants and the subjects, infaillible for all ages and true in all places. It is Our wish to lay it to heart in all reverence, in common with you,

Our subjects, that we may all thus attain to the same virtue.

The 30th day of the 10th month
Of the 23rd year of Meiji
(Imberial Sign Manual. Imperila Seal.)

（注）この英訳文は、明治39年牧野文相が、金子堅太郎・菊池博士などに翻訳させたもの。なお、日本政府は、教育勅語を英独仏語および漢文に翻訳して各国に配布・紹介した。
以上、日本百科大辞典（三省堂）所載の解説による。

たもので、人間が社会生活をするうえで当たり前のこと、私たちが彼方に置き忘れたこころの豊さ、徳について、「和」（家族のきずなを大切にする）、「恭」（他人への敬意と己への慎み深さをもつ）、「智」（学ぶことの大切さを知る）、「公」（世のため人のために努力する）、「義」（自分以外の大切な何かを守る）などが記述されている。

2 企業の考動指針

企業（国家）経営の要諦は、役職員が目標に向かって、法令等を守り、リーダーが「誠」を貫いた考動をすることである。先人坂本龍馬が明治維新に向けて提案した「船中八策」が基《もと》となった、「五箇条の御誓文」は、「民主主義」いや「経営の基本」を説いている。現代風に解釈すると、次のようになり、優れた企業の考動指針として活用できる。

五箇条の御誓文

一《ひとつ》 廣《ひろ》く會議《かいぎ》を興《おこ》し、萬機公論《ばんきこうろん》に決《けっ》すべし。

一《ひとつ》 上下心《しょうかこころ》を一《いつ》にして、盛《さかん》に經綸《けいりん》を行《おこな》ふべし。

一《ひとつ》 官武一途庶民《かんぶいっとしょみん》に至《いた》る迄《まで》、各其志《おのおのそのこころざし》を遂《と》げ、人心《じんしん》をして倦《う》まざらしめん事《こと》を要《よう》す。

一《ひとつ》 旧来《きゅうらい》の陋習《ろうしゅう》を破《やぶ》り、天地《てんち》の公道《こうどう》に基《もとづ》くべし。

一《ひとつ》 智識《ちしき》を世界《せかい》に求《もと》め、大《おおい》に皇基《こうき》を振起《しんき》すべし。

我國未曾有《わがくにみぞう》の変革《へんかく》を為《なさ》んとし、朕躬《ちんみ》を以《もっ》て衆《しゅう》に先《さきん》じ、天地神明《てんちしんめい》に誓《ちか》ひ、大《おおい》に斯國是《このこくぜ》を定《さだ》め、萬民保全《ばんみんほぜん》の道《みち》を立《たて》んとす。衆亦此旨趣《しゅうまたこのししゅ》に基《もとづ》き協心努力《きょうしんどりょく》せよ。

現代風にアレンジすると、

一、広く人材を集めて会議体を設け、重要政務はすべて公正な意見によって決定せよ。
一、身分の上下を問わず、心を一つにして積極的に国策を遂行せよ。
一、朝臣武家の区別なく、さらには庶民の総てにわたって、各自の志望を達成できるようにはからい、人々を失意の状態に追いやらぬことが肝要である。
一、これまでのような、かたくなな習慣を打破して、普遍性のある道理に基づいて進め。
一、知識を世界の先進国に求めて国家の大業を振興せよ。

企業の考動指針

1　独断専行は厳禁→ひとりよがりは「ヤメ」る

企業の安全と発展を図るために、経営者は広く人材を集めて会議体を設置し、重要事項は公正な意見（幹部社員をはじめ顧客など）を聴取して、公私混同せず、経営者が肌で現場を知り、大局的に決断し実行した結果責任は経営者がとる。

2　目標の遂行→先送りは「ヤメ」る

企業戦略を達成するために、経営者と従業員は、社会常識・倫理観と遵法精神に基づき、使命感をもち心をひとつにして積極的に全力投球で職務を遂行する。

3　変化に対応し、不変の原則は堅持→場当たり経営は「ヤメ」る時代にそぐわない諸ルール・慣習は「人」がつくったものであるから、ためらわず現状打破の考動で改善する。ただし、いつの時代も変わらぬ原理原則（社会常識・倫理観など）は堅持する。

4　知識の向上と自己実現→脳力（能力）の向上

知識を世界に求めて、良識ある社会人（日本人）として、利益至上主義ではなく、企業目標を達成し自己実現を図る。

5　心身の健康と自己研鑽→ヤル気（元気）を出す

心身ともに健康で、顧客をはじめ社会人として信頼・信用されるために、円満な人格形成を目指して、継続的な自己研鑽をする。

第3章

■リーダーへの登龍門

1

職場は人生修養の道場

職場とは、働くことで生活する「糧《かて》＝報酬」を得て「自己実現の欲求」を完成させる場である。また永続して働くことで「円満な人格形成」が自己と他人とのかかわりのなかで涵養されていく。職場は、まさに人生修養の道場でもある。

職場では、人間の行動原理を学ぶことが大切である。

1　自己理解が人間関係を知る基本

社会を構成しているのは、いつの時代も「自分と他人」が存在するという当たり前のことを認識することである。自分のことがわからずに他人のことをわかることができようか。己を知ることによって新しい自分をつくりあげ、そのことによって初めて相手を知ることができるのである。人間（他人）を理解する基本が「自分をよく知ること」であるといわれるゆえんである。

(1)　自己を知ること

人間は、だれでも自分についてそれなりの概念をもっている。どのような自己概念をもっているのか、自問自答してみるとよい。たとえば、

① 自分は何ができるのか
② 何に価値を置いているのか
③ 何を信じているのか
④ 人生の生きがいは何か
⑤ 不平不満は何か
等々について考えてみることである。

自己概念（支柱）の有無は、日常の考動をはじめ対人関係にも大きく影響を与えるため、自分で考えた、しっかりとした「理念」をもつことが大切である。

次いで、「人のふり見て我がふり直せ」「人こそ人の鏡」「Learn wisdom by follies of others（他人の愚行から英知を学べ）」等、数多くの先人訓があるように、他人は自分の鏡である。自己点検や他人からの指摘によって欠点に気づき、自己洞察を深めることができる。「他人の忠告」は、耳に痛いため素直に受け入れにくい傾向があるが、謙虚に聴く耳をもつ度量が大事である。

各種の性格判断テストなど、診断材料の技法を用いて自己診断することも必要である。ただし、特定の理論や心理学仮説なども入っているため、過大評価をしないように注意することが重要である。

(2) ジョハリの「心の窓」による自己診断

自分を知る方法の一つに、1955（昭和30）年に、米国の心理学者ジョセフ・ラフトとハリー・インガムが考案した「心の四つの窓」という理論がある。人間の心を四つに分け、対人関係における自己をどう理解すればよいかを解説したものである。

Aの部分は、自他ともに知られている領域で、自由な考動を双方ができる。Aの領域を拡大するとともに、BとCの領域は、お互いに学びあい、Dの領域を少しでも小さくしていく努力が必要である。自分にはわからないが、他人がわかっているものは教えてもらい、その逆については、アドバイスをするという相互啓発関係が大切である。

(3)「TA」(交流分析)による診断

自己を知る方法として、1950年代に、米国の精神分析医エリック・バーンにより開発された「TA」(Transational Analysis の略)理論が

図表6　ジョハリの「心の４つの窓」

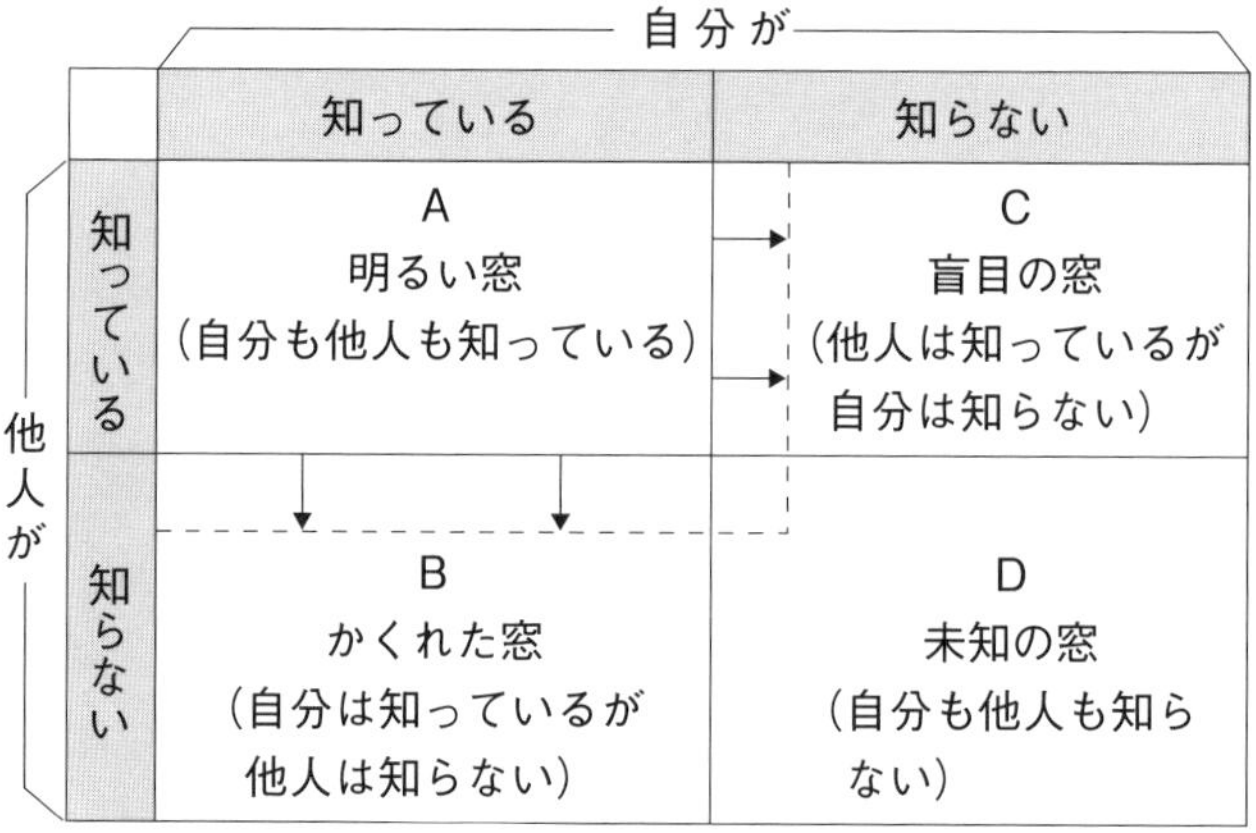

	自分が	
	知っている	知らない
他人が 知っている	A 明るい窓（自分も他人も知っている）	C 盲目の窓（他人は知っているが自分は知らない）
他人が 知らない	B かくれた窓（自分は知っているが他人は知らない）	D 未知の窓（自分も他人も知らない）

※Aの領域をB・Cへ拡大していくことがポイント

図表7　TAによる自己分析

三つの私

↓

P……親の自我状態
A……大人の自我状態
C……子どもの自我状態

ある。

この考え方は、人間はだれでも「P＝ペアレント（親）のように行動する私」「A＝アダルト（大人）のように考える私」「C＝チャイルド（子ども）のように感じる私」の三つの「自我状態」が存在するという考え方で、「P・A・C」の記号で示される。この自我の状態をもとに、自分自身の姿を客観的に把握し、いま現在の自分が、どんな考え方・感じ方で行動をしようとしているかに気づいたり、それによって、よりよい方向へ自分を変革していくための手がかりを知ろうとするものである。

2 人間の欲求を知る

人間の特性を知る基本は自己理解にある。また、組織内の人間の行動をさらに考えると、最初に人間が考動を起こす動機は心理的に考えた場合、「五欲（食欲・性欲・金銭欲・出世欲・名誉欲）」だといわれている。

米国の行動科学者アブラハム・マズロー（1908〜1970年。心理学者。自己実現・創造性・価値・美・倫理などより人間的なものの研究を開拓）は、人間は単純な動物ではなく複雑で重なりあう心から成り立っており、その心を、五欲と同様に5段階の欲求に分類している。

(1) 生理的欲求

この欲求は、一次的欲求として位置づけられるもので、生き物としての平衡状態を維持しようとする欲求である。飢餓・渇き・性的欲望などがこのなかに入る。たとえば、食べる物がないとすれば人間は食物を求めて生きようとするから、恋をしたいとか、地位・名誉が欲しいなどの欲求は生じない。空腹が満たされると、次の欲求が芽生えはじめ次の行動をするようになる。

(2)　安全・安定の欲求

この欲求も一次的欲求に入るが、これは外的刺激に対する警戒・攻撃・逃避などの安全維持に対する欲求である。生理的欲求や安全・安定の欲求は、人間にとって最低限の欲求であるが、人間は、この一次的欲求にのみ規制されるわけではない。むしろ純粋に一次的欲求のみに依存するのは稀れである。

人間の多くは、一次的欲求を実際の動機付けとして行動するということはあまりないといえる。

(3)　社会的欲求

社会的欲求の内容は、集団をつくりたいという欲求、集団に属して友情や愛情を交換したいという欲求、さらに進むと、その集団のなかで特定の地位を得たいとする欲求などである。

一般的特性として、人間は他者との交流なしでは生活できないということを考慮すると、社会的欲求

図表８　アブラハム・マズローの「人間の欲求５段階説」

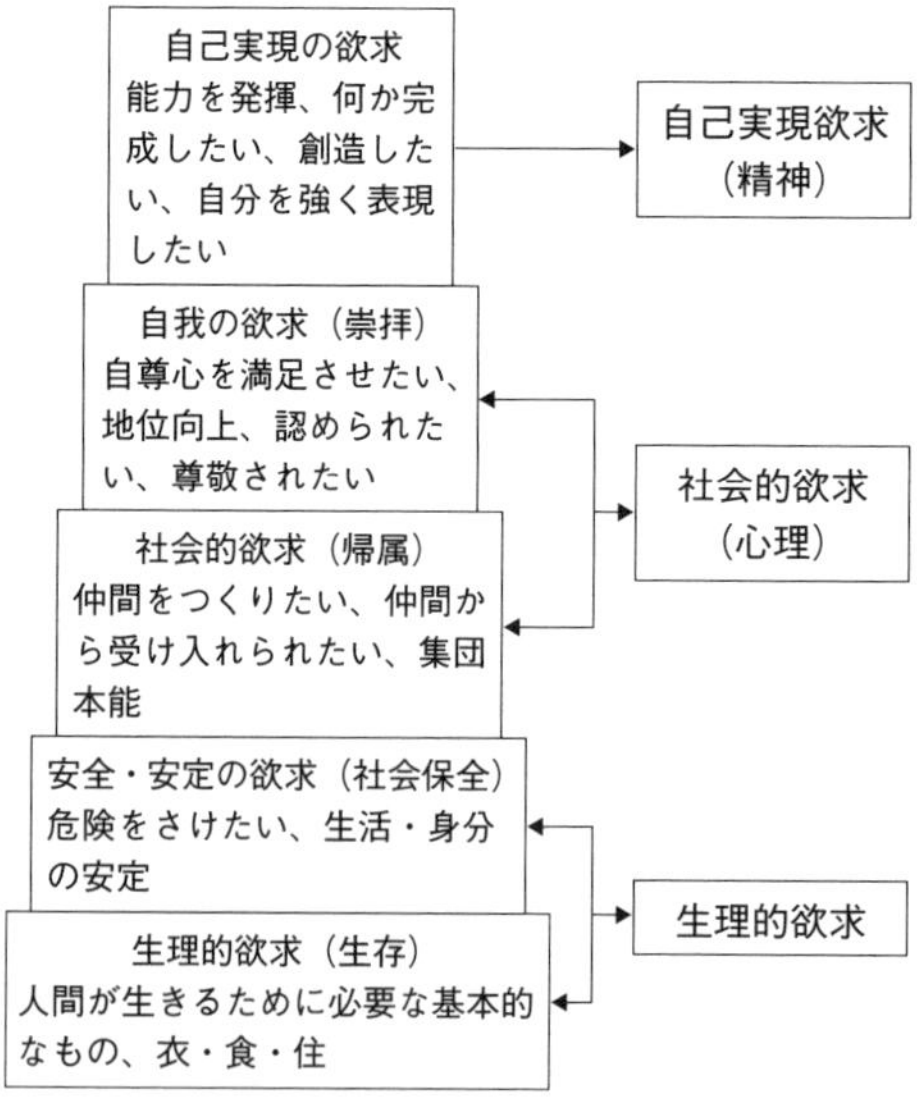

は、現代社会においては「当たり前」のことである。

(4) 自我の欲求

自我の欲求には、2種類がある。一つは、たとえば、自信をもちたい・能力を伸ばしたい等の知識欲・完成欲である。もう一つは、「評価＝価値」に関するもので、たとえば、地位を得たい・成果を評価されたい・自分の存在価値を周囲の人に認めさせたい・周囲の人から尊敬されたい等の欲求である。

この自我の欲求を満たすために、人間は倦《う》むことを知らないといわれているが、自我の欲求は、生理的、安全・安定、社会的な欲求などが、それなりに充足されないと達成する余地は少ないとされている。

(5) 自己実現の欲求

この欲求は、自我の欲求のうえにあるといわれている。自己の能力の発揮、何かを完成させたい、広義の意味での創造的でありたい、という自己実現の欲求であり、人間の最終段階の欲求である。

3 信頼されるリーダーが目指すもの

リーダーは「ヒト・モノ・カネ・時間」などの資源を有効に活用し、適正な利益を創出する水先案内人である。製造・物販・技術・サービスの提供などはすべて、人間が主役で活動している。その人間の欲求は、単純に一次的・二次的という欲求分類に分けられるものではなく、それぞれが相互に関連し合い、復合していることを理解しておくことが大切である。

集団を統率するリーダーは、人間の基本的な欲求から人間が働く目的を探し出すと同時に、集団に帰属する一人ひとりの欲求のレベルと、その行動度合いを常時観察し、より効果的な集団活動を推進するために、どうすべきかを考えるためにも、自己啓発は「よろずに依怙《えこ》（たよる）の心なし」で精進すべきである。

この依怙という言葉は、宮本武蔵の『獨行道《どっこうどう》』（注）19条の一つで、「世々の道をそむく事なし」「佛神は貴し佛神をたのまず」「善悪に他をねたむ心なし」「我事におゐて後悔せず」とある。ひとり修行の道にひたすら専念した武蔵の心境がわかる先人訓である。

（注）宮本武蔵が死の7日前、『五輪書』とともに自身の生き方を記して弟子に与えたとされる。

余話 4

リーダーの根本は「信」

三国時代の蜀の宰相・諸葛孔明に「我が心《こころ》秤《はかり》の如し人の為に軽重作らず」という名言がある。リーダーの心は秤のようであって、人によって軽くしたり、重くしたりしてはいけない「公平」に扱うことである。その基になるのは「信は万事の本《もと》と為す」という教えがあるように、まこと・うそがない・真正であることが求められている。

2

帰属する企業の現況と未来像を語れるか
—歴史は企業（国家）の魂—

企業（国家）には、生い立ちがあり、そこには先人が幾多の危機を乗り越えた「汗と涙・血のにじむ」ような、生き残るためのドラマ＝努力の結晶＝歴史がある。

創業者らの開拓精神が企業を成長発展させ、現代人がその財物「理念・信用・ヒト・モノ・カネなど」を引き継ぎ維持し、さらに成長させ、次世代を担う若者に引き継ぐために誠心誠意の考動と、企業の魂（過去・現在《いま》を知り、未来への展望）について語ることができなければ、リーダーは失格である。

1　なぜ、帰属する企業の歴史が大切なのか

(1)　先人からの財物を守り育成するのが現代人の責務

中村正直が翻訳した『西国立志編』には、西洋が富強になった基は国民が自主自立的な生活設計（勤勉・忍耐・節約の美徳）を実行したことによって形成されたと説いている。維新で朝敵とされた旧幕臣、士族、明治時代の青年にとって経典（バイブル）だったのかもしれない。『西国立志編』第一編の有名な「自助ル《ミズカラタスク》ノ精神」の始めには、「天ハ自ラ助ル《タスク》モノヲ助ト《タスク》云ル諺ハ、確然経験シタル格言ナリ、（中略）自助ルノ精神ハ、凡ソ人タルモノヽ才智ノ由テ生ズルトコロノ根原ナリ、推《オシ》テコレヲ言《イヘ》バ自助ル、人民多ケレバ、ソノ邦国、必ズ元氣充実シ、精神

強盛ナルコトナリ。他人ヨリ助ヲ受テ成就セルモノハ、ソノ後、必ズ衰フルコトアリ（中略）政法ノ群下ヲ圧抑スルモノハ、人民ヲシテ扶助ヲ失ヒ勢力ニ乏《トボシ》カラシムルコトナリ……」とある。

現代の人間は、祖先の技術や勤勉によってもたらされた豊かな財産の後継者なのである。そして、われわれはこの財産を損うことなく自らの責任において守り育て、次代の人々に手渡していかねばならない。

また、第11編「艱難ハ最善ノ教師」の部分には、「人ヲ成就スルモノハ、安逸ニ在ズシテ、勉奮ニ在リ、容易ニ在ズシテ、艱難ニ在リ、サレバ、人生何ノ地位ヲ論ゼズ、艱難ノ事ト戦ヒ、勇力ヲ奮ヒ、勉《ツトメ》テコレニ勝《カツ》ニ非レバ、決シテ大事ヲ成就スルコト能《アタハ》ザルナリ、蓋シ艱難ノ事ノ、人ノ為ニ最善ノ教師トナルコト……」など、一所懸命、勤勉に人生の目標を自分自身の手で切り開けと教示している。

現代人は、先人からの豊かな贈り物を守り育て、次世代を担う後継者のためにも、過去・現在の実体を知り、未来に向かって考動する要《かなめ》として企業の魂を語り、誇りをもって語れる人になるため研鑽すべきである。

(2)　歴史にある「光と陰」

太陽と月、昼と夜、プラスとマイナスなど、何事にも「光と陰」の部分があるように、企業（国）の歴史にも「光と陰」の部分が存在する。居酒屋などで、よく見かける光景の一つに、上司・部下、自社・他社の悪口をいうことで憂さ晴らしをするというものがある。

歴史を学ぶにあたっては、「歴史の事実は雨上がりの大気中にある水滴のごとく無数にある。そこには、善玉・悪玉（光と陰）が存在するかもしれないが、ある視点からみると虹がみえる、その虹が歴史である」とイギリスの哲学者オーウェン・バーフィールド（Owen Barfield：１８９８〜１９９７年）が述べている。

生き馬の目を抜くといわれるほど、激しい競争をくぐり抜け、永続している企業の歴史には、光と陰が存在するのは当然のことである。バーフィールドがいうように虹を語れない企業（国）は、間違いなく内部崩壊することは歴史が証明していることを忘れてはならない。

2 誇りをもって日本の歴史を語る

(1) 日本の歴史を語れるか

情報が瞬時に世界をかけめぐる情報化時代。企業の事業展開も国際化している。実質ＧＤＰに占める国際収支の割合は、平成24（２０１２）年は「実質ＧＤＰ５１９・６兆円に占める輸出は63・７兆円、輸入は70・９兆円」である。

異国との交流は、生いたち・風俗・習慣など、わが国と異なるため、双方がお互いを認めたうえで、国際ルールがあればそのルールに従い、またルールがない場合でも双方が対等の立場で妥協点を見つけ出す努力を真摯に行うべきであり、結果が見い出せれば新たな事業展開が期待できる。

私たちが帰属する「日本」は、１２５代承継されてきた皇統、「古事記」「日本書紀」、さらには世界最古で最大の歌集「万葉集」や長編小説「源氏物語」、また木造建築で世界最古の「法隆寺」、永遠なる今を復元する伊勢神宮の「式年遷宮」、聖徳太子の「和」の心、桜を愛する「花見」の文化、茶の心（侘・寂の心）、武士道精神等々が燦然と輝いている。この日本の歴史を異国の人々に語れるだろうか。自信のない人のために、また「日本はどういう国か」を理解するために、73頁に掲げた別添資料を参考にしてほしい。

(2) なぜ多くの日本人が日本の歴史を語れないのか

日本人は、外国人と比較すると自国の歴史について、誇りをもって語れない傾向がある。その理由は、歴史教育で近現代の史実を教えることを避けてきたことと関係がある。私は、日本が大東亜戦争（太平洋戦争）で敗戦、国際法違反（事後法）で勝者が敗者を裁いた「東京裁判」で「侵略国家」という烙印を押され、その呪縛が解けないまま「反日・自虐・暗黒」史観の教育を受けてきたからだと日頃から思っている。連合国軍最高司令官マッカーサー（注）は、占領統治中の昭和26（１９５１）年5月3日、米国議会上院の軍事外交合同委員会の席上で、〝Their purpose, therefore in going to war largely dictated by security〟と、先の戦争が自衛目的であったことを証言しており、侵略戦争でなかったことは明白である。中共・韓国・北朝鮮は、史実の捏造・歪曲・反日教育（南京大虐殺・慰安婦・歴史教科書・靖国問題）により、歴史問題を時事問題として商いを有利にしようとする行動に対しては、史実を述べて毅然と反論しないと永遠に繰り返されることを知るべきである。真の友好とは、歴史認識の共有ではなく、見解の相違することを相互に認め合うことである。

（注）Dauglas MacArthur（１８８０～１９６４年）：米国軍人。第一次世界大戦においてヨーロッパ戦線で活躍。陸軍士官学校校長・陸軍参謀総長、１９３５年フィリピン国軍事顧問としてマニラに着任、１９４１年米極東陸軍司令官、南西太平洋軍最高司令官。日本の降伏で連合国軍最高司令官として１９４５年8月30日厚木へ進駐、同年9月2日東京湾上のミズーリ艦上で重光葵《まもる》日本全権と降伏文書に調印、憲法改正・公職追放・財閥解体・農地改革等の政策を遂行。朝鮮戦争勃発で国連軍最高司令官となるがトルーマン大統領と対立し、いっさいの軍職を解任。１９５１年4月帰国。元帥。

(3) 私たちの治安を維持する警察の魂

私たちが日常生活を安全に安心して送れるのは、警察制度の存在による治安維持によってもたらされている。「警察制度の導入」と「その責務」を紹介する。同様に帰属する企業についても学習し実践に活用したい。

警察は、個人の生命、身体および財産の保護に任じ、犯罪の予防、鎮圧および捜査、被疑者の逮捕、交通の取締りその他公共の安全と秩序の維持にあたることをその責務としている。

警察制度の創始者、川路利良《としよし》は、日常職務を遂行するうえで、適時部下に実践・訓示した内容を『警察手眼』として一冊の本に集約している。その一端は次のようである（明治9年9月下旬権中警視丁野遠影識『警察手眼注解』川路大警視述（国会図書館近代デジタルライブラリーより現代語に訳す））。

① 陸海軍は国を外敵から守る兵士であるが、警察は国内の病気を治す治療薬である。敵国や外国からの侵攻は、凶暴な犯罪者と同じである。このような凶暴な悪党が襲ってきたときには、強壮健全な筋力によって、抜き身の刀を自在に使用して身を守らなければならない。もし、平常の訓練がなく、心身が脆弱であれば、どんなに立派な刀があっても、これを使う気力もなく、相手に倒されるのを待つだけになる。

② 警察官に採用された以上は、従来のように袖の長い着物をつけて宴会に興じることは到底許されない。各人はそうした卑しい心を捨て去り、本来の良心を取り戻して職務に励み、国家を文明開化に導くことを歓びとしなければならない。それによって、己の幸福はいうまでもなく、国家にとっても無限の幸福となる。

③ 警察官の心は、人々を慈しみ助けるということに尽きる。この心をもってする警察権の発動も、またすべて仁愛なのである。したがって、警察官たるものは人々が困難に遭遇していることを見聞したときには、警

察官自身もその困難を共有するような思いやりをもつべきである。

④　悪を正すには道理をもってしなければならない。治安を維持するには普通ではない備えが必要である。たとえば、酒の燗をする場合、その酒より高い温度の湯がなければ温めることはできない。およそ物事をよくするためには、それより優れたものを当てる必要がある。要するに、人を戒める者は、まず自分が研鑽して戒められる者以上に「自律自戒して身を正し」他人を説《さと》すことができる、人々の模範となることである。

以上のように、警察とは何か、警察官の精神と心得、階級と昇進、不祥事、捜査の心得など、１３０年以上も前の原理原則は、現在でも通用する警察官の「使命」＝魂が語られている。

(4)　教育・「士」業などの業法

a　教育界

社会を構成する主役は人であり、人づくり（教育）は国家（企業・家庭）の基礎。教育基本法はその1条で、「教育は、人格の完成を目指し、平和で民主的な国家及び社会の形成者として必要な資質を備えた心身ともに健康な国民の育成を期して行われなければならない」と規定している。

教育は「国家百年の計」。教育者は日本人として「祖国愛」をもった、次世代を担う日本人（子どもは家庭・国の宝）を育成する先導者であるから、イデオロギーに偏向した教育は許されないことを確認すべきである。

b　公務員

公務員は、国民全体の奉仕者として公共の利益のために勤務し、かつ職務の遂行にあたっては、全力をあげてこれに専念しなければならない（国家公務員法96条1項、地方公務員法30条）と規定し、服務の宣誓をすることのほか、守秘義務が課せられている（国家公務員法97条・100条、地方公務員法31条・34条）。

c　弁護士

弁護士法によれば、弁護士は基本的人権を擁護し、社会正義を実現することを使命としている。その使命に基づき、誠実にその職務を行い、社会秩序の維持および法律制度の改善に努力しなければならないと規定されている（同法1条）。さらに、常に深い教養の保持と高い品性の陶やに努め、法令および法律事務に精通しなければならない（同法2条）。ギリシャ神話の掟の女神テミス（Themis）が説いた「自由と正義と公正」を旨とする、司法の一翼を担う弁護士は、マスコミ報道されているような預り金の着服、不正事業に関与する行為は、社会に対する違背で許されない。

d　マスメディア

①　放送界……放送番組に携わる者は放送法により不偏不党、真実および自律を保障することで放送による表現の自由を確保されている（放送法1条2号）。しかし、放送番組の編集にあたっては、(i)公安および善良な風俗を害しないこと、(ii)政治的に公平であること、(iii)報道は事実を曲げないこと、(iv)意見が対立している問題については、できるだけ多くの角度から論点を明らかにすること（同法4条1項）、真実ではない事項の放送をした場合の訂正放送についても規定されている（同法9条1項）。

②　新聞報道……社会の木鐸《ぼくたく》（教え導くこと）を自認する新聞界に携わる者は、新聞倫理綱領にある自らを厳しく律し「自由と責任」「正確と公平」「独立と寛容」「人権の尊重」「品格と節度」などが定められている。

しかし、いま「第四の権力」いや「第一の権力」といわれるほど、ペンの暴力ではないかと疑われる「捏造とヤラセ記事」「視聴率・販売部数アップの偽装工作」「汚職」などが発覚している。

マスメディアの人たちは名刺一枚であらゆる業界の責任ある部署に出入りすることができることにより高慢となり、他国のマスメディアかと目を疑う記事が散見される。日本のマスメディアであることを自覚して、事実を国民に提供する義務があることを忘れないことである。

各企業には、それぞれ誇れる理念（魂）が存在している。正しく理解して実行することである。

資料１　私たちが帰属する「日本」は、どのような国か
～一側面からの視点～

１　地勢・気候など

アジアの東縁部（北緯36・43・18、東経138・26・19）。起伏のある山脈が日本列島を縦横に走っており、火山帯、地震帯、断層線が走り複雑な地体構造で、日本列島は南北に細長く緯度的に変化に富んでいる。

気候は亜熱帯から亜寒帯にわたり、モンスーンの影響を強く受け、６月～８月は南東モンスーンにより多量の雨、11月～３月は大陸からの北西モンスーンによって、北部は厳しい寒さで日本海に面した地域は多量の降雪がある。

２　略史

現在の国のあり方は、日本の神話時代からの伝統的な天皇制度（万世一系）を、現憲法下においても日本国民統合の象徴とし、議会制民主主義（三権分立）国家で、政経分離が原則。世界の平和に貢献している。

原始時代（旧石器・縄文・弥生・古墳）、大和朝廷の統一「国家の成立」（350年頃）などを経由して、律令国家として形成されるのは、冠位十二階位の制定（603年）、憲法十七条の制定（604年）、大化の改新（645年）など、推古朝の新政により確立される。

1192（建久３）年、源頼朝が征夷大将軍となり武家政治が始まる。武家政治体制は江戸幕藩の崩壊まで続く。

1868（慶応４）年、明治維新。明治政府は当時の国際情勢から欧米列強の植民地化を阻止するために種々の政策を実施する。同年、五箇条の御誓文を宣布、1871（明治４）年廃藩置県、内閣制度の整備、法典編纂、1889（明治22）年大日本帝国憲法を制定し、立憲政治に向かう。→富国強兵策の実行

国際情勢では、朝鮮半島の内政問題に軍事介入、1882（明治15）年壬午政変、1884（明治17）年甲申政変の後、李朝打倒・外国排斥を掲げる新興宗教・東学党の乱に端を発した日清戦争へ（1894～95）。この戦争により朝鮮は清国の属国から独立。一方清国では「扶清滅洋」（清を扶《たす》け、西洋を滅ぼす）を掲げる宗教団体・義和団を中心に暴動が全国に広がり、西洋列国の連合軍が鎮圧した北清事変（1892～1901）が発生。

三国干渉で東洋の平和を提言したロシアは遼東半島の旅順と大連を租借、フランスは広州湾、ドイツは膠州湾と青島を租借、さらにイギリスは威海衛と九龍を租借し清国の解体が始まる。

1902（明治35）年、第一次日英同盟協約調印。列強ロシアは、満

州からの撤兵の不履行、朝鮮半島への強引な南下政策の推進など、日本の抗議をことごとく無視。1904（明治37）年～05（明治38）年日露戦争開戦、戦勝。世界史を変えるほどの出来事。日本の国際的地位の向上とともに日本の資本主義が確立されていく中、自己認識を失いおごれる平家となる。

1914（大正3）年第一次世界大戦勃発、1921（大正10）年日英同盟解消。昭和の時代となり政党政治が崩壊し軍閥支配が進展、1931（昭和6）年満州事変、33（昭和８）年国際連盟脱退、36（昭和11）年ロンドン軍縮会議からの脱退、37（昭和12）年日独伊三国同盟締結→日本にとって「百害あって一利なし」（1939年、第二次ヨーロッパ大戦のドイツの破竹の勢いが未来永劫に続くものと錯覚しての締結？）。さらにABCD包囲陣（アメリカ、イギリスが中華民国に協力し、オランダまで抱き込んだ経済制裁→資産の凍結・鋼鉄禁輸措置、さらに石油の禁輸）、1941（昭和16）年日ソ中立条約。

こうした情勢のもと日米交渉されてきたが、従来の交渉過程を無視した最後通牒（ハル・ノート）をきっかけに交渉不可能となり、米英と開戦。1941（昭和16）年12月～45（昭和20）年8月15日までの大東亜（太平洋）戦へ。アメリカによる広島、長崎への原爆投下、ソ連が中立条約を破り宣戦布告し満州を侵略、日本はポツダム宣言を受諾することとなり、天皇の戦争終結の詔書放送により第二次大戦は終結。

1946（昭和21）年日本国憲法公布、財閥解体、農地改革、戦前の諸制度が占領政策として改革される。1946～48年東京裁判、1951（昭和26）年サンフランシスコで講和会議が開始され、自由陣営48カ国と講和条約を締結し、その翌年に日本は独立を回復（1952年４月28日発効）、同時に日米安全保障条約も発効。日ソ共同宣言で戦争状態を終結、1956（昭和31）年に国交回復。同年12月には国際連合に加盟し国際社会に復帰する。

1965（昭和40）年日韓基本条約の締結、1972（昭和47）年には沖縄の日本復帰、日中国交正常化→平和友好条約を締結（相互不可侵・内政に対する相互不干渉を双方が認める）したものの、幾多の問題を解決、先送りして現在に至る。

外患は、歴史教科書、靖国参拝をネタにした中共、韓国のゆすり・たかりの現象で、日本の政治に対する内政干渉である。中共が共産党一党独裁国家である限り、真面《まとも》な友好は不可であることを知るべきである。

（『データブック・オブ・ザ・ワールド2013』より著者作成）

3 組織全体の向上を目指した考動

組織は人間の集合体である。一人ひとりが能力を発揮するために、他人から強制されず、自発的に真剣に楽しく、競争心をもって行っているスポーツ・稽古事などはよい例である。「遊び心」の活用と組織の潤滑油「コミュニケーション」の良否が組織全体の向上を左右することを再認識したい。

1 遊び心を取り入れよ

テニス・ゴルフ・水泳など、スポーツをはじめ、趣味・稽古事は、常に向上心をもって一心不乱で行う人が少なくない。それは、自分自身でテニスを、あるいはゴルフをやろうと決めたからである。

たとえば、ゴルフをやっている人は何がおもしろいのか。ショートホールで打てば、ボールが飛んですべて「ホールイン・ワン」となるような競技であれば、まったくおもしろくないだろう。だれもがおもしろがってゴルフをするのは、ホールイン・ワンができずに挑戦しているからである。この例からすれば、「うまくいかないことはおもしろいこと」といえるのではないか。

だが、仕事となるとスポーツ・趣味などと同様に自分の意志で選択した職場であるにもかかわらず、やる気を喪失することが多々ある。仕事の場合、うまくいかないと、上司から叱られて「昇給・昇進」に影響するからである。本当は、高い目標・むずかしい仕事を与えられたら、スポーツ・趣味などと同様にこれはおもしろいといって全力投球で挑戦すればよいはずである。しかし、高い目標に取り組み未達に終わると、上司から叱責されることが多いことから、避ける傾向が強いのではないかと思う。

競争と変化の激しい時代、高い目標・むずかしい問題に「これはおもしろいぞ」といって挑戦する人間を育成することが求められている。どのようにすればよいのか。すべてのスポーツ・稽古事にはルールがあり、そのルールを守り競争心を燃やし上達するため練習に励んでいる。仕事にも、この心＝遊び心を活用するとよい。たとえば、ゴルフを例にとってみよう。

① スタート前の素振りは↓事前準備

② ティーショットでは、何事も考えずボールをフェアウェイの中心へ、他人より少しでも遠く飛ぶように集中力を発揮して打つ↓集中力と競争心

③ OBを打ってしまった場合には、パートナーが悪いからと他人のせいにすることはできない。自分の技量不足を自覚することである↓自己責任

④ グリーンにオンすると、ワンパットで入れようと、順目か逆目か、上りか下りかなど、いろいろと状況判断をして、カップに向かって打つ↓多面的思考

⑤ ゴルフは1ラウンド4時間を原則として、プレー中は禁煙である↓時間・マナー厳守など

ゴルフ競技を仕事に置き換えてみると、ゴルフで高いスコアに向かって全力投球し、よい成果を達成させるような調子で仕事をすれば、むずかしい仕事も期限内に達成できる。

「よく学びよく遊べ」の諺があるように、仕事にも適用するとよい。

2　コミュニケーションは人間関係

(1)　コミュニケーションとは

コミュニケーション（Communication）は、ラテン語の Communis（共通な）という言葉から生まれたといわれている。組織や職場は共に働いている人間の集団であり、集団であるからそこには協調関係が求められる。この協調関係をうまくしていくための手段がコミュニケーションである。目標管理・自主管理・小集団活動・指導教育などをはじめとする上司と部下・同僚間の円滑なコミュニケーションが企業の目標達成への必須条件である。

コミュニケーションは単なる情報交換ではなく、人と人を結ぶ人間関係である。

コミュニケーションの役割は、①情報の伝達（バーバルコミュニケーション）と②相互理解（ノン・バーバルコミュニケーション）とがある。

情報の伝達は、おもに言葉や文字が中心で上からの命令・指示、相互間の連絡などで通達的側面であり、相互理解は、以心伝心とか、腹芸などといわれているように、言葉以外の表情、目の動き、身振り、人間の感情などの側面がある。

このコミュニケーションを通じて

- 部下を知り、部下に上司を知ってもらう
- 企業の目標に沿った仕事の内容を部下に理解させ、実行してもらうことが可能となる

- 個人の能力・チーム力の向上となり、企業の業容が拡大することになる

要するに、組織は相互依存的に結合された「人間の集合体」であるから、相互依存が円滑に機能していれば、その組織は円滑に活動しているといってよい。この相互依存の関係を円滑に維持していくことが大切である。

したがって、コミュニケーションは、

- 相互理解である
- 信頼関係である
- 意思の疎通である
- ギブ・アンド・テイクである

(2) よいコミュニケーションを醸成するために

コミュニケーションをよくする基本は、自分の考え方を強要せず、相手がどのような考え方をしているか聴き、その考え方に立って考えてみることも必要である。人には強制されると、イヤ気がさしたり、反発したり、手抜きをしたり、いろいろな現象が発生し最悪のケースでは不祥事件に発展することもありうる。人間には、それぞれ固有の意思がある。リーダーはこのことを再認識し相互理解をするために現状確認をし、相手の意見をよく聴き、おおいに話し合うことである。

円滑なコミュニケーションを保つためには、

① オープンな雰囲気をつくること、すなわち、考えたことや、事実を率直に発言できること

② 同僚とか部下の意見を言葉だけではなく、その真意は何か、何を期待しているのか、不平不満などをつか

むこと

③ 部下の能力向上につながるよう、部下に仕事を任せても、責任はリーダーがとること

④ よりよい人間関係をつくるために、常日頃から飲食ではなく、仕事を通じて面談する機会を多くもって、相互理解すること

⑤ 新しいことを企画・立案し実行する場合には、指示の背景や理由などを十分に説明し、相手が納得するようにすること

⑥ 部下をはじめ関係者の考え方、価値観、レベルなどを把握して、それに適した命令・指示・情報・話し合いをすること

などが大切である。

(3) コミュニケーションで注意すべきこと

コミュニケーションとは、自分と相手がお互いに理解し合うことであると述べたが、特に注意すべきことは、次のような点である。

① 相手に自分の立場・考え方を一方的に伝え、自分の考え方を間髪を入れずに同調させることが、コミュニケーションと考えないこと

② 同じ言葉でも、話す人、場所・時、状況などによって意味が違ってとられることに注意すること

③ 環境や価値観が時代とともに変化していることを忘れ、自分の経験にこだわり、他人の意見を傾聴しない態度はよくない。すなわち、自分だけが話をして、相手の話を聴こうとしない態度であってはいけない。胸

襟を開き、佳言・善言・苦情などを傾聴すること

④　第一印象などにより、相手を好ましくないと思いこみをしない。相手の服装・地位・学歴などだけで判断しない。先入観が働くと固定観念になり、新しい情報・提案などがあっても固定観念にとらわれて、それを受け入れようとする心がなくなる。先入観をもたないことである

⑤　自分自身や帰属する集団の問題点を発見したときは、まあまあで甘い点をつけることなく、厳しく現状を見直す心が必要。仲間内だからといってあいまいな処置をすることなく、公正に厳しく確認すること

などコミュニケーションの注意すべき一端を記述したが、要は、いつも平常心で思考を柔軟にして、正確な現状確認を励行し、相互理解のためお互いに、とことん話し合うことである。

4 自己啓発で円満な人格形成

現代は、新しい知識・技術が1年も経てば、古くなったり・役に立たなくなるほど、変化の激しい世の中である。その意味では、過去の経験や知識に依存していては時代遅れとなる。不変の原則を除き、企画・決断・実行するためリーダーとしては、能（脳）力向上はいうにおよばず、心身とも健康な人生を全うするためには、常に前向きかつ真摯に自己啓発すべきである。

1 「己」を知る

自己啓発は、職業・役職・年齢に関係なく、人間が人生を全うするために、自主的に自分の知識・能（脳）力・技能などを向上させ「円満な人格形成」を目指す考動である。

自己啓発は、自分自身の生きがい＝人生目標＝価値観＝人生哲学をもつ第一歩という考え方も成り立つ。したがって、仕事・趣味・健康・政治・経済などについて、①自分の能力を最大限に発揮できるように、②それが生きがいになるものであり、③それを成し遂げたときの満足感・充実感など、感激・感動できるものをリストアップし、順位をつけ自己啓発をし、自己実現に向かって実行できる内容であることが望ましい。

本当の自分の性格・適性・能力、長所・短所などを知らず、不向きな職に就き「不承不承」自己啓発することは、不幸を招く。まず第一に「己」を知ることが大切である。

愚かな社内遊泳術に長けたゴマすり、茶坊主型の人間が企業（国家）の中枢にいると企業の運命を危うくする。

2　継続可能な自己啓発目標の設定

(1)　継続させるためのポイント

自己啓発といっても、口でいうほど簡単ではない。仕事・つき合い、健康をそこねる、つい怠ける、など不本意ながら挫折することが多いのが現実である。中途で挫折しないようにするためには、自己啓発目標を設定し、実行する「習慣《クセ》」をつけ、決して背伸びすることなく、毎日30分でも継続していく決心が必要である。

(2)　目標の立て方

自己啓発の必要性を理解し、実行しなければと思っても、「目標のない自己啓発」では、どのような計画を立ててよいかわからず、方向も内容も不明確となり途中で挫折することになる。

継続し実行するためには、目的意識と成功目標を掲げることで、

①　どんなことを
②　いつまでに
③　どのような方法で
④　どの程度の水準まで達成させるのか

等を考えることである。具体的な要点は、

a　目標の立て方

①　目標のテーマの大枠を定める
②　目標の内容を明確にしているか
③　将来の状況を具体的にあらわしているか
④　自分自身で納得できる内容か
⑤　必要な事項が入っているか（目的・資金・時間など）
⑥　人生の生きがいと一致しているか（会社の方針・目的などと一致していれば、さらによい）

b　いつまでに目標を達成するか

①　目標達成の期限があるのか。そのうちといったことになっていないか
②　時間的にムリのないスケジュールになっているか

c　どの程度まで達成するか

①　どの程度までの目標を達成したらよいとするのか。その水準を明確にすること
②　目標達成を段階的に行うこと（高すぎると途中で挫折することもあるから）
③　数値化できないものは、満足すべき状態を言葉やイメージでとらえておくこと
④　変化に対応できる柔軟性をもつこと

前記のように目標を設定することにより、

①　自己啓発の方向が明確となり

② 内容が具体化し
③ どう取り組めばよいかはっきり自覚でき
④ 効率よく実行でき、目標を実現する可能性が高くなる
気宇壮大な目標もよいが、「絵に描いた餅」にならないように「ムリなく・ムダなく・ムラのない」目標を立てて実行することである。

3 自己啓発目標を実行するポイント

立派な目標があり、ヤル気があっても実行しなければ目標は実現しない。諺に「千里の道も一歩より」とあるように、まず第一歩を踏み出し実行することである。そして、実行しながら、掲げた目標が実現可能か否か、動機づけの適否をチェックする方法を、次にあげる。

〈自分自身への動機づけ〉

動機づけは、①目標を完遂する自信、②目標達成の必要性、③目標がもつ魅力の三つを組み合わせ、それを掲げた自己啓発目標に照らし合わせて、自分自身でチェックする。

a 動機づけが簡単なもの（実現可能大）

① 〈自信〉があり〈必要性〉も大である
② 〈必要性〉があり〈魅力〉も大である
③ 〈魅力〉があり〈自信〉もある

b　条件によっては動機づけができるもの（努力いかんによって実現可能）

――実行しないと不利――

①〈自信〉はないが〈必要性〉が大である

②〈魅力〉はないが〈必要性〉が大である

――なんとか実行してみたい――

③〈自信〉はないが〈魅力〉が大である

④〈必要性〉はないが〈魅力〉が大である

――ぜひとも実行してみたい――

⑤〈必要性〉はないが〈魅力〉がある

⑥〈魅力〉はないが〈自信〉がある

c　動機づけが困難であるもの（絵に描いた餅で実現不可能・時間の空費）

①〈自信〉がなく〈必要性〉もない

②〈必要性〉がなく〈魅力〉もない

③〈魅力〉がなく〈自信〉もない

前記のように、自己啓発の目標を一つひとつチェックして実行することが、自ら掲げた目標を達成する道である。

5 継続的な自己啓発

自己啓発をはじめ何事も「濡れ手で粟《あわ》」、努力をせず「達成念仏」で成就することはできない。目標達成の満足感・充実感、いわゆる、「感激と感動」を得られるのは「粉骨砕身」、目標に向かって考動した結果（ローマは一日にして成らず）であることを忘れてはならない。決めた自己啓発の目標に向かって、精神を集中して考動することである。

1 集中力を養う

「注意一秒、ケガ一生」といわれるように、ちょっとした集中力の欠如により、いろいろなリスクが発生する。たとえ優秀な能力があって「企画・実行」しても、集中力を発揮して考動しなければ「画竜点睛を欠く」ことになる。また逆に、普通の能力であっても、失敗を恐れず集中力を発揮し考動すれば、よい結果を得ることが多い。

(1) 肉体的・精神的な健全性の存在

人間は、仕事の遂行はもちろん、たとえばサッカー・水泳・ゴルフなどのスポーツ、将棋・囲碁・マージャンなどを楽しむ場合においても、精神の集中力により上達していることが多い。

では、どのように集中力を養うかといえば、まず心身ともに健康であること。それを維持するために、起床や就寝、就労時間・食事時間など生理的リズムを第一に大切にすることである。規則正しい生活を送り、暴飲暴食、午前サマにならないように注意する。

次いで、精神的なストレスも集中力の妨げになる。精神的な健康を維持するためには、不平不満を心のなかにくすぶらせておかず、上手に気分転換を図ることである。上手な気分転換は、職場（公）と家庭（私）を意識のうえで分けることであり、どんなに仕事上の難問が山積していても、退社時には机上を整理整頓し特別な事情がないかぎり、道草しないで家庭へ帰り、家族との団欒や趣味・休養によって疲れをとることである。

いずれにせよ、心身ともに健康を保持するためには、肉体的なものであれ・精神的なものであれ、ストレス過剰な状態に長い間、自分自身をさらしておかないように休日を有効に活用して気分転換を上手にすることである。そのためには趣味をもつことが有効的である。

(2) 心理的欲求の存在

集中力を養ううえで、心身の健康と同様に大切なことは、興味と必要（欲求）が心理的な条件として備わっていることである。たとえば、書店で立読みしている多くの人は、短時間に興味のある個所を読破したいという欲求と、長時間いたら店員から注意を受けるのではないかというプレッシャーのもと、精神を集中し日頃と違う相当なスピードで読破していることに気づく。このように心理的欲求を満たすべき集中力を発揮している状況を分析すると、〝なぜ〟〝何のため〟という目的と、そのために〝いま何を実行すべき〟と、目標を明確にしていることがわかる。

自己啓発により自分自身を成長させるということは、いざというときに「身を守ってくれる宝刀」になると考えると、自然と集中力を高めながら継続して学ぶことができる。

先人訓に「一時《いちじ》三昧《ざんまい》」という言葉がある。この意味は、遊ぶときは遊ぶ心になりきり、学ぶときはそれに専心すること（要は、「何事も精神を集中して気を散らさず事にあたれ」の境地になること）が、無意識・無目的の人より何倍も有意義で、無事故で円満な人格形成ができる道であることを、私たちに教示している。

2　時間の多元的活用「時間尊重」

古今東西「時は人を待たず」「時は金なり」など、時間にまつわる先人訓は多い。時間という財産は、老若男女に関係なく「万人」に1日24時間等しく与えられている。この時間という財産は、金銭のように1円たりとも貸借は不可能であり、刻一刻と失われていき、いったん失えば永久に取り戻すことができないため、「時は金なり」「時は金以上なり」「時は命なり」といわれる。

万人に等しく、1日24時間（睡眠時間を差し引けば平均16時間前後）という絶対的な量的規制がある以上、時間という財産をより有効に活用するためには「質」の追求が問われ、1日24時間を30時間にするかのような、「時間を多元的」に活用する工夫が必要である。

「時間の多元的な活用」とは、たとえば、東京から大阪へ出張する場合、新幹線ののぞみなら約１５０分の車中、乗客にとって物理的には等しく１５０分であるが、その車中で文庫本1冊でも読破すれば、同じ時間帯のなかで大阪へいくという目的が、まったく別の本を読むという違う目的をも果たすことができる。

このように、ちょっとした工夫・努力をすることが「時間の多元的活用」である。当然、だれだって、それぞれくらいのことは実行しているといわれるが、それを意識的に実行しているのか、無意識なのかが問題である。ただ、なんとなく実行しているというのであれば「無目的」に等しく、いつも意識し読む本を選び計画的に実行しているのとは雲泥の差となる。

時間がいかに貴い財産であるかを知るとともに、貴いからといって睡眠をも減じ、仕事・勉学に活用せよというのではなく、事故防止と適正な判断をするために必ず休養をして明日に備えるため、自分に適した能率的な時間の使用法を考えよということである。

3 師・志・詩をもて

人間は、帰属する団体とか得体の知れない世論という「空気」に支配され、「異見」（異なった意見）の具申ができなくなりがちである。また、すばらしい意見でも無視されることが「世の常」であることを知り、少数意見でも付和雷同せず、どちらが中・長期的に優れているかを述べて正々堂々と異なった意見をもてる人間に成長するために、三つの「し」をもち自己啓発すると永続性を保持できる。

(1) よき師をもつこと

人間だれしも、厳しいよりも楽なほうへ流されがちであり、自己啓発についても同様である。こんなとき大切なことは「よき師」をもつことで、よき師をもつ者は自己啓発目標を達成するため、継続的な努力を怠らないものである。

では、知識や技術を教える学校の先生・企業の先輩がイコール「よき師」かといえば、そうではない。物の考え方・人生観を教え、一つの情熱をかきたてるような人間性をもち、その全人格の影響を投射することができるのが、ここでいう師である。

(2) 目標達成への「志」をもて

「好きこそ物の上手なれ」という言葉がある。この意味は、何事も好きなことであれば興味があり、熱意と工夫をもって、いろいろとあの手・この手はどうかと、よりよい方法を考える。熱心に失敗を恐れずに繰り返し、目標を達成するまで挑戦するから、その結果、目標に到達するということで、その源泉は「好奇心＝問題意識＝目標達成」への強い「志」の有無であるといえる。企業（国家）の役職員（国民）一人ひとりに好奇心があるかどうかが、企業（国家）の盛衰を左右するといっても過言ではない。

子どもが成長する過程でよくみかける風景…見慣れないものをみると、「これ、なあに」と質問するが、これは既知のものと未知のものとを識別して、①何か＝ＷＨＡＴ、②なぜ、そうなるの＝ＷＨＹといった質問をして成長していく姿である。

社会人が、自分の職場で仕事になんの好奇心をも感じないとしたら、目標達成への道はきびしく、達成の喜びは味わえない。人間はだれしも現状に甘える傾向があり、この傾向が職場の活性化を喪失させマンネリ化を発生させる。

人間は常に好奇心をもって考動することが明るい未来を創造する。では、どうしたら好奇心をもって考動することができるかといえば、◎なんでもみてみる→「視野の拡大」、◎なんでもやってみる→「経験の拡大」、◎不良人物以外だれとでも交際する→「交流の拡大」を図ることのほか、自分が置かれている立場を認識（現状認識）

し、問題点を把握し、それはなぜか、どうするかを考え、心身ともに健康で目標達成への強い決心＝志をもって考動することである。

(3)　詩をもて

「人生は夢とロマン」、人間は、だれでも夢・ロマン・希望をもって、その実現のために考動しているといっても過言ではない。そして個々人が描く夢は、気宇壮大なものをはじめ、実現可能なもの、夢と呼ぶには小さすぎるものなど多彩である。夢の中身やスケールがどうあろうと、いろいろなかたちで一人ひとりが生きる支柱になっていることは確かである。何を夢みるかによって、何ができるかが決まるといえる。「詩＝夢」をもって考動することこそが、自己啓発目標を達成する道である。

「易失惟言難成惟学（失い易《やす》きは惟《こ》れ言《げん》、成《な》し難《がた》きは惟《こ》れ学《がく》）」という教訓がある。よき師に学ぶこと、根気よく永続し志を失わずして心身の健康を維持して実行せよと教示している。

6 部下指導・育成の要締―リーダーの心構え―

企業（国家）にとって従業員（国民＝百姓《おおみたから》）は「宝」であると、「日本書紀」持統7（693）年正月2日の条に記述されている。このように、古くからリーダーにとって、部下は「人財」であり、部下が「やる気」になって全力投球で職務遂行をしなければ業容の拡大はありえないことは、だれでも承知している。

部下育成の目的は、若い次世代を担う後継者づくりの一環として、見識・人格ともに優れた社会人を育成することで、その能力を職場で発揮してもらうことにある。そのためには時間と労力と根気が必要で、リーダー・先輩として愛情をもって部下を育てることが大切である。

その要《かなめ》は、「教えることは学ぶこと」である。リーダー自身がよく学び、部下のやる気を引き出し、誇りある日本人を育成することである。

1　部下育成とリーダーの心構え

育成とは、いうまでもなく指導し成長させることである。人間は、だれでも知らないことが多い。また、人間は感情の動物である。プライド・メンツ・意地などを持ち合わせていることから、育成してもその成果をすぐに実現できない場合が多くある。人材育成がむずかしい所以はここにあるため、行き当たりばったりではなく、短期・中期・長期の計画に立って実行しなければならない。

実行にあたっては、部下全員に共通した教育、部下個々人の性格や性格に見合った教育、また、計画に盛り込めない事柄については、そのつどに応じた教育を心がけることである。

次いで、相互信頼がなければ指導も教育もありえない。まず相互信頼を確立することから始まり、時期・場所・テーマなど原則は仕事を通じ、仕事のなかで育成するのが効果的である。また、リーダー自身も意識改革をして、部下からも教えられる立場に立つことも必要である。横柄な態度・難解な表現・不親切な説明などは避けるとともに、部下の長所・短所を知り、やればできるという自信をもたせることが大切である。

要するに、「教授は能はざるも、君等と共に講究せん」（吉田松陰）、また「弟子一人ももたずそうろう（すべての門弟を同朋同行として扱う）」（親鸞）など、教育とは単にリーダーが部下に一方的に職務知識を教えることではなく、時には、部下とともに語り教えたり教えられたりという並列の関係で学び、ともに喜び・悲しみ・ぶつかり合って成長する人間関係を構築する人生教育になることを先人たちは教示している。

2　効果的な指導・育成

部下の指導育成手法は千差万別であるが、そのポイントは、部下の役割を明確に自覚させ、社会常識・倫理観の徹底と使命感・責任感・協調性などを植え付けること、さらに仕事は失敗を恐れずおおいに与え、新しい経験をさせて自信をもたせ挑戦させることである。

部下育成の要諦は、次の和歌（三十一文字《みそひともじ》・山本五十六の言葉といわれる）のなかに、リーダーと部下がともに切磋琢磨してともに学び成長せよと集約されている。

①やってみせ、②いって聞かせて、③させてみて、④ほめてやらねば、⑤人は動かじという蘊蓄《うんちく》ある言葉である。つまり、

①は模範を示すこと。模範を示すだけの実力をリーダーがもっていなければならないから、リーダー自身の自己研鑽が必要である。

②は説明すること。相手にわかるように説明し、部下が納得するまで行う。

③は部下が職務内容など、理解したら実行し体験させること。④は仕事には必ず期限（納期）があるから、期限までにできたら必ず褒めてやる。未完成のときは、その原因を追究し、再挑戦し、反復継続（P・D・C・A 18頁参照）し、できたら褒めること。リーダーの真摯な態度で、⑤人は動く。ということである。

3　やる気（意欲）を育てる

やる気満々の人・職場、何が原因か、だれもが沈み暗い職場、この差はいったいどこから生じてくるのか。人はどのようなときにやる気を起こし、またどんなときにやる気を喪失し、呆然としているのか、今まで生きてきたそれぞれの人生で自己点検してみることもよい。

豊かな社会になるにつれ、人間の欲求も変化していく。さきに述べたA・マズローの人間の欲求5段階説（61頁参照）からも、自我の欲求や自己実現の欲求を満たそうと多数の人が行動していることがわかる。

こうした変化に対し、リーダーは十人十色の部下のやる気を引き出し自己実現させていく指導力が求められている。やる気を引き出す施策はいろいろあるが、その基本は、①動機づけ、②体験の場づくり、③結果のフィードバックを実行することである。

(1) 動機づけ

① 目的を明確に示すこと（何のために）
② 必要性を強調する（どんな役に立つのか）
③ 興味や関心に訴える（好きこそものの上手なれ）
④ 期待水準を明示する（到達目標を示すこと）

(2) 体験の機会を与える

① 人は体験を通して学習する（仕事の経験こそが最大のチャンス）
② 能力に見合った体験を（やさしいことからむずかしいことへ）
③ 体験を成功することで、その喜びをかみしめさせる（感動・感激）
④ 反復し継続する（継続は力なり）

(3) 結果のフィードバック

① 結果を本人に知らせる（目標・基準と対比して）
② 賞罰を正しく与える（褒めたり・叱ったりを）

企業内で各職場体験をすることは、個人個人の業務が企業の全体目標となっており、分業された一人ひとりの仕事がいかに目標達成に関係しているかを知ることで、自分の仕事をおろそかにはできないことを知らせることである。

4　怒るな、叱って育てよ

リーダーの大切な職務のひとつに、褒める・叱るがある。褒めるときは仕事がよくできたときであり、偶然性であってはいけない。叱る場合も、ただむやみやたらに叱ればよいのではない。叱って人を育成することである。

(1)　「怒る」と「叱る」はまったく別行為

怒ることは、「またしでかしたな、このバカ者！　この仕事を何年やっているのだ！」「お前なんか、もう信用できない」といった部下の立場・影響などを考えず、リーダーが一方的に怒りの感情を出して部下を罵ることで、その結果、部下は落胆または逆に反発する。

叱るということは、部下がなぜできなかったかに対して

①　問題点を指摘し、注意を喚起する

②　失敗を繰り返さないよう説得、誤りを認めさせて改めさせる

③　部下の弁明を冷静によく聴き対処する

ことである。たとえば、この仕事の前半はよくできているが、後半は注意散漫によるものだ。とくに○○○に気をつけて見直しをする。などと叱正することである

⑵　叱り方7カ条

出る杭は打たれるという言葉がある。激動する現代、求められている〝人財〟は「良識ある出る杭」である。失敗を恐れず、あえて未知に挑戦する開拓者精神（フロンティア・スピリット）であり、ノープレーのノーエラーでは敗退の道を歩むに等しい。守銭奴ではない凛とした日本人を育成するため、上手に叱って後継者を「トライ・アンド・エラー」で育成することである。失敗例を再発防止の資料にすることが大切である。いろいろな叱り方があるが、次のような「叱り方7カ条」を参考にするとよい。

① 原則的に人前では叱るな
② いきなり怒鳴るな。事実を確認して叱れ
③ 結果だけを叱るな、原因・プロセスを正しく把握して、率直にサラッと皮肉・あてこすりをくどくどいわず叱れ
④ 重点を明確にしぼって叱れ、みんなで集中攻撃的に叱るな
⑤ 相手の人格・自尊心を傷つけるような叱り方はするな、あくまで過失をただせ
⑥ 本人のために、再び同様な過失をしないように、真剣に愛情をもって叱れ
⑦ 最後は、本人への期待と、励ましの言葉で終える

部下指導は、自分の子どもが素直にいいつけを守らないと同様に、部下も上司の意見を素直に聴き入れないという前提で期限を設けて根気よく実行することである。

7 「報《ほう》・連《れん》・相《そう》」の徹底で職場の活性化

情報化時代といわれて久しい。何かといえば情報という言葉が、いたるところで飛び交っており、各職場の朝礼・会議の席上で、報告・連絡・相談（報・連・相）をよりいっそう密にしようといった申し合わせをする光景を散見する。しかし、その半面、報・連・相を怠ったために、不祥事に発展したケースは日常茶飯の出来事のように報道されている。

報・連・相は、活力のある職場の潤滑油であることを再確認することである。

1　報・連・相はなぜ大切か

「報・連・相はだれだって知っているよ！」。仕事をするうえでの常識だから、いまさらという感じをもつ人が多い。しかし、めまぐるしく変化するときこそ、基本にかえり報・連・相がよりよい仕事をするうえで重要であることを再認識することが大切である。報・連・相が大切な理由は、次の3点である。

(1)　コミュニケーションである

不特定多数を相手にするものではなく、特定の少数当事者間だけのもので、かけがえのないものであること。製品に対する不平不満の情報を得たならば、その情報を共有して対策を講じ、より改善することができる。

(2)　当事者間（上司と部下、企業と取引先）の信頼関係を保つ潤滑油である
たとえば、相手の思考や気心がわかるとか、疑問点についての説明など、人間同士における意思疎通・相互理解で信頼関係を醸成するものである。
(3)　規則とか義務感だけのもので、しぶしぶ行う報・連・相には魅力などない
心を込めて相手のためにとか企業全体への影響を考えてとか、取り込んだ内容については面談して対応するなど、ちょっとした気配りをすることが大切である。

2　報・連・相を円滑にするポイント

第一に、マイナス情報（イヤな情報・うれしくない情報など）が、上司や取引先関係者に、何の粉飾もされずに正しく伝えられているかどうかである。換言すれば、上司が聴いて不快になるような情報が伝達されるようになっているか。

第二は、情報を正しく伝えているかである。
具体的には、以下のとおりである。
①　確定した事実を報告する
憶測や観念的なものを情報として取り扱ってはいけない。たとえば、ヒト・モノ・場所などを特定して正確に報告する。「だろう」で行ってはいけない。
②　タイミングよく伝達して活用する

情報を生かすも殺すもタイミングである。必要なときにタイミングよく活用してはじめて効果がある。また、的のはずれたところへ情報を伝えても何の意味もないので、伝達と順序を間違えないようにすること。

③　情報は独占しない

自分が得た情報を一人占めにする人をよくみかける。極秘であるからといって、情報を独占し陳腐化させてはいけない。

いずれにせよ、組織は、タテとヨコの両軸によって成り立っている。タテ軸とヨコ軸がうまく交差しプラスになって稼働するよう、ビジネス感覚を磨くためにも自己研鑽が必要であることを忘れてはいけない。

3　人はそれぞれの「立場」で考える

「手を打てば　はいと答える　鳥逃げる　鯉は集まる　猿沢の池」（薬師寺公式サイトより）、なんでもない一首のようだが、その意とするところは、すばらしいことが歌い込まれている。旅人が猿沢の池のそばの旅館で、ポンと手をたたいたら、旅館の人はお客が呼んでいると思い、近くの木に止まっていた鳥は鉄砲で撃たれると思い飛び立ち、池のなかの鯉はエサをもらえると思い寄ってきた、ということである。旅人が手を打ったひとつの現象に対して、旅館の人と木の鳥と池の鯉の三者が、それぞれの立場によって受け取り方が異なっていたのである。

このように、立場によって受け取り方がまったく異なることは、私たちの職場において、よく見聞きし、また直面する。ところが、この立場という言葉は、日常あまりにも頻繁に使用しているために、具体的な中身については、とりたてて何も感じないで使用していることが多い。

立場とはいったいなんであるのか。たとえば「お客様の立場」といっても、お客様の意見どおりに従えということなのかといえば、そうではない。また、抜本的な税制改革といえば、税制改革というひとつの問題であっても、「納税者の立場」「徴収者の立場」「政府・与党の立場」「野党の立場」、さらに個人・法人といったように、そこには常に複数の関係者が存在し、それぞれの立場により、いろいろな考え方が出てくる。場合によっては思惑が錯綜し、そのなかではじめて「立場」が成り立っているといえる。

しかし、私たちが仕事を遂行していて気がつくことは、立身出世のみを考え「自分のことしか考えない」「木を見て森を見ず」との格言のように「自分の職務や所属する部門のことだけを考える人」があまりにも多いことである。つまり、物事を考え判断する場合には、常にひとつの角度（視点・観点・論点）からだけではなく、別の角度からも思考し全体像をとらえることが大切である。

ところが、立場が異なると判断の基準となる考え方や評価・利害・主張・意見など、さまざまな要素そのものも異なってくる。特に利害が相反する場合などでは、「善い・悪い」「賛成・反対」と評価が二者択一に分かれてしまうことが多く、慎重な判断が必要不可欠となる。

では、どうしたらよいのか。まず、何より大切なことは、その情報・意見はだれが、どのような立場からもたらしているのかを客観的に判断することである。そのうえで関係者がそれぞれの立場で論理的・実践的に考察を重ね、譲れる範囲と譲ることができない範囲を具体的に検討していけばよいのである。

もちろん、その前提として相手の言い分を十分に聴くことは必要であるが、いろいろな意見を調整し、正しい判断を下す決め手は「良識」である。良識とは、公平なものの見方で、かたよらない心・こだわらない心・とらわれない心である。

意見が出たら、その意見はどの立場でなされているのかを考察し、その発言は、目標達成ができないための言い訳、すなわち「マイナス思考」によるものか、目標達成するためには人材がこれだけ必要であるといった「プラス思考」であるかなど、正しく考察する洞察力を養うためにも、継続的な自己研鑽が求められている。

余話５

「お」…おこるな
「い」…いばるな
「あ」…あせるな
「く」…くさるな
「ま」…まけるな

おこるな→感情的に怒るのではなく、間違いをただす「叱正」すること

いばるな→昔から「実るほど頭《こうべ》を垂れる稲穂かな」といわれるように、おれはリーダーだといばってはいけない

あせるな→昔から「急いては事をし損ずる」とか「急がば回れ」といわれる。期限を決めて決定したらすぐ実行すること

くさるな→仕事に失敗はつきものである。絶対成功するとは限らない。一度失敗したからといってくさってはいけない。失敗は成功のもとである。原因を調査して再起すること

まけるな→競争の相手も一生懸命。負けないため全力投球すること

また、会話で注意することは、そんなこと「知らないのか・わからないのか・できないのか」は禁句である。

8 適正な指示・命令は「6W2H」

企業内の人間の精勤度は「2・6・2の法則」といわれる。よく働く「20%」、普通に働く（あるときは全力投球で、あるときはサボる）「60%」、やる気がない（全体にぶらさがって生きている）「20%」である。人間は、それぞれの立場で行動する。仕事を円滑に進めるため、特に、やる気のない人に対する指示・命令は、相手にわかるように適正にしないと、失敗の要因となることを知り、相手に理解できるように話すために「6W2H」を活用して伝達するとよい。

1 「2・6・2の原則」とは

この法則は、蟻の生態観測からきた「蟻の精勤度」である。20%の蟻はよく働く、60%の蟻は普通に働く（一生懸命のときもあればサボるときもある）、20%の蟻はやる気がない（全体にぶらさがっている）。やる気がない20%を排除しても、2・6・2になるという。

蟻の1日の行動は、労働8時間・睡眠8時間・自由8時間で、人間の生態と酷似していることを知り、リーダーと部下のギャップを埋める対話が「6W2H」である。

2 「6W2H」を利用した指示・命令

私たちの日常活動において、企業の到達目標（戦略）をよく理解して、自発的によく働く人、適切な指示・訓練指導と自己啓発により働く人とやる気がない人など、さまざまである。

先人の言葉に「人を見て法を説け」「機に因りて法を説け」「人を見て使え」など、人を説得する場合には、相手の人柄や性質をよくみて、その人に適した方法で話さなければいけない。やる気がない者に対しては、「百尺竿頭《ひゃくしゃくかんとう》に一歩を進む」という諺にもあるように、十分言辞を尽くしたうえに、さらにもう一歩突っ込んで指示・命令などを「6W2H」を活用して説明するとよい。

3 指示・命令と部下の動機づけ

職場では、指示・命令により全員がひとつの目標に向かって考動している。仕事を円滑に進めるうえで、部下の意欲を引き出す指示・命令を発し、指示・命令と実行の関係について部下に周知徹底させることができるリーダーが求められている。

図表９　6W2Hの活用

W（Why）	なぜするのか（仕事の目的）
W（What）	何をするのか（仕事の内容）
W（Who）	だれがするのか（自分だけか、パートナーはだれか）
W（Whom）	だれのためにするのか（顧客か会社のためか）……顧客のためが優先
W（When）	いつまでにするのか（仕事の期限）
W（Where）	どこで行うのか（仕事の場所）
H（How）	どのようにするのか（仕事の方法）
H（How Much）	いくらかかるのか（費用と効果）

指示・命令を着実に実行することが部下の責務であるが、上司として指示・命令を出す場合、最低限部下に次のことを周知徹底しておく必要がある。

⑴ 最低限、上司と部下が共有すべきこと

① 指示・命令されたことは、必ず実行するということ

② 気に入る、入らないことを理由にして無視したり、サボタージュすることは許されない。納得できない内容の指示・命令について部下は、明確にその理由を述べ質問できること

③ 指示・命令に付随する内容については、報・連・相で遂行できること

④ 必ず記録し、復唱し間違いをなくすこと

など基本原則を実行するとともに、指示・命令以外のことはいっさいやらないという雰囲気や悪い習慣があれば、それを一掃する意識改革をすべきである。

⑵ 指示・命令の効果的な方法

紋切り型の方法はないが、指示・命令は人間が言葉で示すものであるため、不明確やあいまいさは許されない。書面による場合も同様である。

① 内容が明確であること。正しく伝達されたか、どうかを復唱させること

② 相手によくわかるように説明し、またどこまで自由裁量ができるかなどについても明確にしておくこと

③ 声に注意すること。しっかりした音声で熱を込めて「朗らかで明るく」わかりやすく適度な速さで話すこと

④ あれもこれもと一時《いっとき》に多くの指示・命令を与えないようにすること。簡潔に一つひとつ順を追って与えること

⑤ 到達目標と矛盾する指示・命令は出さないこと。首尾一貫させることが大切。変更するときは、直ちに、その理由を正確に述べて伝達すること。「過ちては改《あらた》むるにはばかることなかれ」である。誤った権威主義にとりつかれていると、時間の浪費と仕事の失敗要因ともなること。さらに、部下の信用を失うことになるので注意すること

⑥ 態度が強圧的にならないようにすること

⑦ リーダーはあせってはいけない。ある程度の忍耐心をもち、個人差をよく知り正しい判断に基づいて「6W2H」を有効に活用することである

9 リーダーは責任をもって、部下を信頼し鍛え育成する

リーダーの基本的な役割は、最高経営責任者から、さまざまな役職によって責務は異なる。リーダーの基本的役割を考えると

① プランナー（計画・立案者）
② プレーイングマネジャー（実行管理者）
③ コーディネーター（調整者）

としての役割などがある。

ここでは、部下の育成上の役割と、部下を信頼し、鍛え育成する、現場のリーダーについて述べる。

1 部下を育成するうえでの役割

(1) 率先垂範する力をもつ

現場のリーダーは、部下を前にしてズバリ「こうしてほしい」と要望・直言して、部下をぐいぐい引っ張っていかなければならないときがある。リーダーに瞬時の判断・意思決定をする能力がないと、リーダーは務まらないことを自覚することである。

リーダーが率先垂範する局面では、リーダーの手法に、ややもすると強引なところがあっても、部下がリーダーの実績・使命感・責任感など、全幅の信頼を寄せているからできるのである。

(2) 助言者としての力をもつ

仕事は、すべて厳しいものである。だからこそ、リーダーは親身になってアドバイスをするといった人間としての情愛（人間的側面）も必要である。部下の仕事上はもちろん、日常生活・人生設計の側面について、いつでも気軽に相談相手になれる「助言者」としての力量も大切で、リーダー自身の自己研鑽が求められている。

(3) 教える力をもつこと

リーダーは、部下一人ひとりの長所と短所、能力・資質・態度等を把握し、具体的な教育計画を策定して、その計画を推進する実行者である。長所はさらに伸ばし、短所は是正するように心がける。「教えることは学ぶこと」であり、インストラクターであることを忘れてはいけない。

(4) 部下をやる気にさせる力をもつこと

仕事の内容によっては、目標達成のために「夜討ち朝駆け」という言葉にあるような状況におかれて職務遂行するときもある。こうした状況におかれたとき、職場を明るい雰囲気にすることが大切である。リーダーは、多少の疲労感をふき飛ばすくらい、声を出し合って、時には冗談っぽい話をしながら、心の通い合う自由闊達な議論をするなど、明るい職場（舞台）づくりの演出者であることが求められている。特に、つらく厳しい仕事であればあるほど必要である。

2　部下を信頼し、鍛えて後継者づくり

部下を指導し育成する最大の目標は後継者づくりである。部下の指導育成は、子育てと類似する点がある。「目を離すな、ただし手を放せ」という名言のほかにも、「乳児はしっかり肌を離すな、幼児は肌を離せ手を離すな、少年は手を離せ目を離すな、青年は目を離せ心を離すな」（教育学者・明星大学教授高橋史朗・秩父神社：親の心得より）と、人を育成する言葉がある。この意味するところは、親が子を育てるとき、子に対する過保護を戒めた言葉である。同様に、リーダーが部下を育成する場合にも、新入社員・中堅等、一律ではないことを教示している。

手とり足とりといった過剰な育成方法は避けるべきである。部下を信頼し仕事を完成させることは部下を育成・鍛える特効薬である。リーダーは、次のような「……すぎない」3点セットを心がけたい。

⑴　アドバイスを与えすぎない

部下が、一生懸命に努力し、あと一歩で目標を達成できそうな状況のとき、部下の行動が頼りなくみえて、つい手を貸してしまうリーダーがいる。自力で達成すれば部下は感激したであろうときに助言されると、その大切な部分を上司が奪い取ることになる。いわれないと行動しない・支援してもらわないとできない、自立心を失った「指示待ち人間」になることが多い。

リーダーは、仕事の進捗状況を正確に見届ける眼力をもち、ここ一番、部下を信頼し成功体験を身につけさせる「待つ勇気」をもつことも人材育成に欠かせない要素である。

(2) 心配しすぎない

部下の作業が心配で一挙手一投足、重箱の隅をほじくるように、細かいことをチェックするリーダーがいる。部下からみれば、上司に信頼されていないと、やる気を喪失させる原因にもなる。部下の能力の程度を考慮したうえで、手順と急所だけをチェックして、あとは自由に作業させる度量がないと、リーダー失格である。

(3) 管理・統制しすぎない（委任しても放任せず）

仕事は、一定のルールに従って進められるが、時は刻々と変化しており作業方法も変化していく。その対応には「機を見て敏なる」で成功することも多い。あくまで「ルールに従って」などと、部下の行動を管理・統制するような指示をすると、部下は、ルールに拘束されて身動きがとれなくなることが多い。基本を明示し、あとは「自分の判断で成し遂げろ」と自由に行動させることも必要である。部下が上司の判断に依存する態度をみせても「自分で考えて実行しろ」と、突き放すぐらいの非情な面も時には必要であり、こうした体験をすることによって、上司を越えていくたくましい部下が育成される。

なお、管理・統制しすぎないことと同時に、部下から話せる上司・ものわかりのよい上司という評判を得たいために「させっ放し」「言いっ放し」「放ったらかし」の放任主義であってはいけない。「委任」と「放任」とは異なることを自覚することである。

3 部下が求める理想のリーダー像

リーダーの職務の大きな柱に部下育成があり、育てる能力がない上司のもとでは指示・命令に従わないサボタージュする部下を輩出することにもなる。自己のリーダー経験から部下が求めているリーダー像はさまざまなタイプがある。

(1) 人材育成型

① 部下個々人の能力・特性を伸ばす
② 部下が成長するための環境づくりをする
③ 仕事を通じて部下の能力を伸ばす育成をしている

(2) チーム達成型―常にチーム全体のレベルアップを目指している―

① チームメンバーの意見・考え方を尊重し議論する
② チーム力、システムを大事にする
③ チーム構成員とともに全体の成長を目指す

(3) 率先垂範型―この型のリーダーの特性は、具体的に指導するのではなく、リーダーの行動そのものを吸収せよというタイプ―

① リーダーの後ろ姿をみて学ぶ
② 仕事は教わるものではなく盗んで成長するものである
③ 仕事最優先でリーダーと部下との意見交換の場は少ない、おれについてこい方式である

(4) 手とり足とり型―気配り配慮を重点に考えるリーダーで、細かいことにも注意を払うタイプである―

① 仕事面のみならず私生活の面についても仕事の範疇と考える

② 仕事面での心労をさせないように配慮する
③ こと細かなチェックをすることが多い
(5) 目標達成重視型―ただ眼中にあるのは当面目標をいかに早く達成するか考え、部下指導を実施しない業績中心主義の部下が求めないタイプといってよい―
① 職場は仕事をする場で、人の教育の場ではない
② 仕事をそれなりにやって目標達成できれば放置しておいてもよい
③ 自分の領域だけを守ることに専念する

4 信頼・支持関係の醸成

リーダーと部下の関係は、まず第一に信頼関係の構築であり、次いで支持関係の有無である。

(1) 信頼関係について

リーダーシップを発揮する前提は、人間の潜在能力を引き出すことである。次のような考動をすれば信頼関係の構築は可能である。

① 部下の能力（創造性・成長性・発展性・責任遂行）などに対する信頼
② 部下に対する、勤勉と実直、勇気と忍耐、責任感などへの信頼
③ 企業が永続して発展するために、いざというとき部下はリーダーを支援してくれる存在であるという信頼

また、部下からみて、信頼できるリーダーとは、次のようなリーダーである。

① 仕事に対する評価が正当になされて、部下の努力が報いられるという、公平性への信頼
② 部下の功績を横取りしない。功績は部下に、失敗の責任はリーダーが、というリーダーの責任感に対する信頼
③ 部下たちが意見具申した場合、部下たちにかわって上にいえる勇気のあるリーダーであること

などである。

(2) 支持関係について

以心伝心という、リーダーと部下との心意気が互いに伝わることが円満な支持関係の基となる。日常どれだけ真摯に仕事に対して、またそれにかかわる部下たちの行動に関心をもつことが大切である。

① 明るい風通しのよい職場づくりに関心をもち、自由闊達な議論ができること、部下に対する関心を仕事と同様にもち対処していること
② 部下を信頼し成長させるために、知識と経験による適切なアドバイスなどを真剣に行って、部下に対して分け隔てなく実行すること
③ 部下のプライベートなことにも気配りをし、部下とは公平に接す

余話 6

リーダーは、年長の部下をどう活用し指導するか

リーダーより年長の部下が存在するのは「いま」に始まったことではなく、以前から存在していた。昨今、年功序列型の人事政策の転換と女性の職場への進出によって、年少・女性の上司が多く誕生している。

年長の部下をもったリーダーは、人生の先輩として部下からいろいろ学ぶこともあるだろう。しかし、仕事の面では気兼ねをせず、指示・命令など発して職務遂行することである。

ること

などである。

いずれにしても、リーダーの日常考動から、このリーダーのためなら、やる気を出して仕事をしようと部下から尊敬される人間になるためのリーダー自身の修養が求められる。

第4章

■信頼されるリーダーの実践考動

1 「戦略」と「戦術」の混同は厳禁

元来、軍事用語であるが、「戦略」と「戦術」という言葉がある。あらゆる業界において戦略と戦術を混同して利用されている。戦略は到達目標で「簡単明瞭でだれにでもすぐわかり行動できる基本方針」であり、妥協できないものである。これに対して、戦術は、到達目標を達成するための具体的な活動施策であり、事実と計算で成り立つ。目標達成のためによりよい手段（方法）があれば常に変更することが可能である。ポイントは、「戦略」と「戦術」を混同しないことである。

1 なぜ戦略と戦術を区別するのか

「戦略」が決定しないと、その目標達成の方向に、配列したり、できるできないの計算など具体的な行動ができない。たとえば、富士山に登頂すると決定すれば、これが戦略（到達目標）で、頂上を目指すには、山梨県側から登るのか、静岡県側からなのか。5合目まで登山バスかタクシーで行くのか、それとも1合目から徒歩で頂上を目指すのかといった手段・方法が戦術である。戦略を決めて戦術（手段・方法）を選択して行動することである。

「ウサギとカメ」の話で、なぜ足の遅いカメがウサギに勝利したのか。それはカメは到達目標である山頂を目指したこと。ウサギは足の遅いカメとの競争にとらわれ、本来の到達目標を失念したからである。

2　戦略は大胆、戦術は細心であれ

戦略は、企業（国家）を永続維持する目標であるため、決めたら簡単に変えてはいけない。あれこれ変えて朝令暮改となると、行き先がわからなくなり、時間を空費して徒労に終わるからである。したがって、戦略には妥協は禁物である。重要なのは、全般の状況把握＝全体像を正確にとらえる事実認識をして大胆な戦略をもつことである。戦略が決まったら、戦術は、現実の状況に対応して、時に急ぎ・突進、時には遅く・退却も視野に入れての臨機応変の考動がとれる内容であることが必要である。

明治維新の「富国強兵・殖産興業・教育振興」は、すばらしい国興しの戦略で、その目標達成のために諸施策が緩急自在に実行された結果、近代国家が形成された。永続企業も同様に戦略・戦術を有効に使い分けて、いまがあるといえる。

3　戦略を周知徹底させるために

戦略は組織体の存亡を左右する根幹であるため、全員に周知されていなければならない。全員に行き渡らせるためには、

第一に、組織体の総指揮官、会社であれば、その社長が明確な企業発展の成長戦略を保持すること

第二は、その内容が、だれにでもわかりやすく明瞭であること

第三は、何を目標にしているのか、それぞれの立場で具体的に実践・考動できる内容であることなどといった条件が必要である。

戦略をまんべんなく行き渡らせるためには、組織体で企画・立案する諸施策・諸会議において、戦略的意識にかかわる考動を、繰り返し実行し「習慣」づけ、一歩一歩の積重ねの努力をすることである。

「戦略のない戦術は内容がなく、戦術のない戦略は空《から》念仏」である。戦術プロセスの一つひとつは、決して予測どおりに達成できるものではない。一つひとつ細かい修正をしながら、根気よく前進することが重要である。「千里の道も一歩より」「ローマは一日にして成らず」である。

〔参考〕戦略と戦術をよくわかるように図示すると図表10のようである。

図表10　戦略と戦術

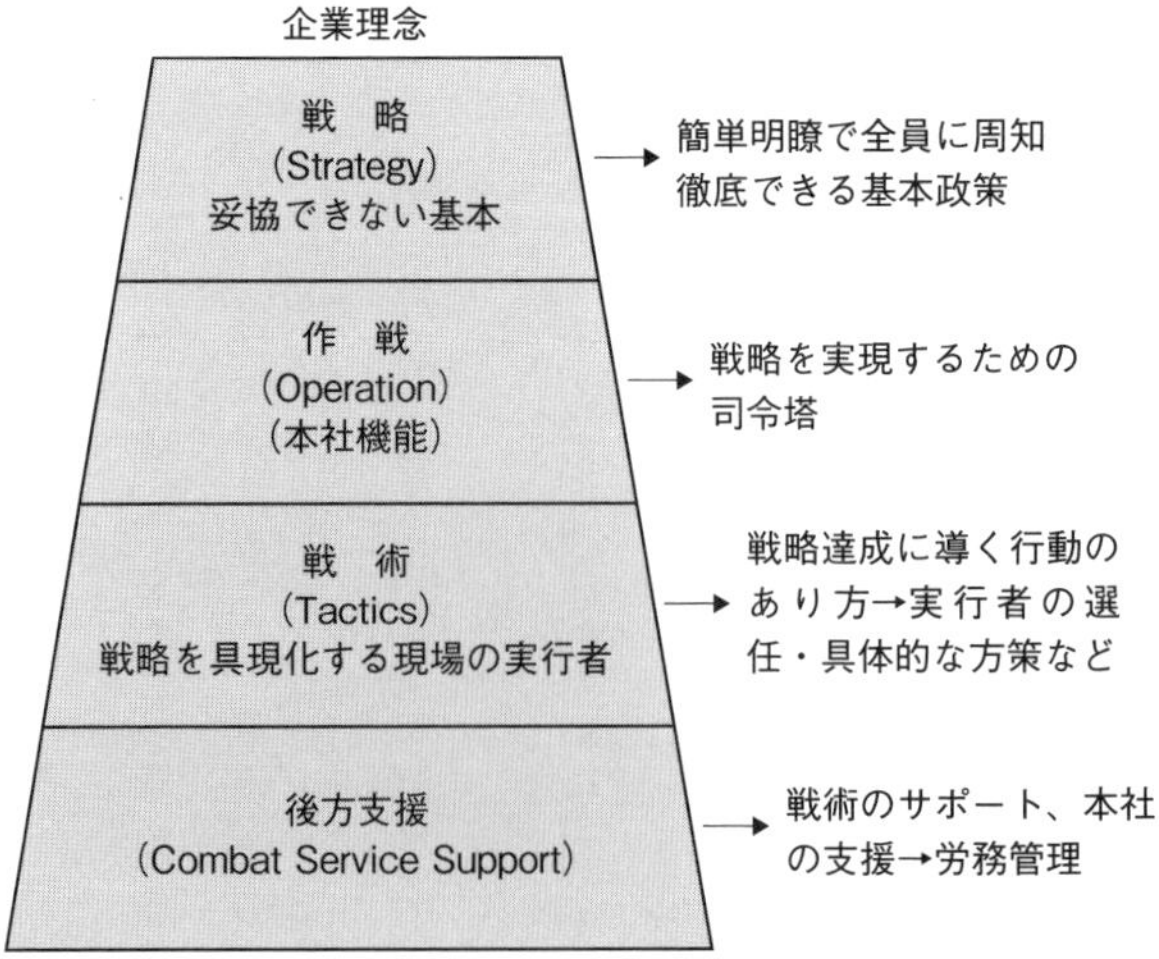

2

経営戦略を高めるための考動
――国家あっての企業であることを忘れるな――

経営戦略を高め企業を成長させる要《かなめ》は、社長以下、企業に帰属する役職員が経営戦略を共有すると同時に、「儲けるために手段を選ばぬ」というような、法や道徳を無視した考動を回避することである。経営戦略を高めるために、まずは「国家あっての企業」であることを忘れないこと、次いで「法令の遵守と道徳の尊重」、そして役職員が「経営戦略」を共有して、掲げた目的に向かって不惜身命《ふしゃくしんみょう》で考動することであり、昔もいまも変わらない大原則であるといえる。

1 「国家と経済」ということに対する哲学の喪失

21世紀に入り、「ヒト・モノ・カネ・情報」が瞬時に駆けめぐる「電脳（Cyber）」ネット時代の到来と並行して、国際化とかグローバル、グローバリゼーションなどといった言葉が流行し、企業の海外進出が進行した。企業が世界的な規模で活動するのは望ましいことであるが、経済は国家と密接な関係があることを知って国際化を推進すべきである。海外進出にあたって、人件費が安いとか、人口が巨大だからといってカントリーリスクなどの問題を忘れてはいけない。そもそも国家が崩壊すれば企業活動など成り立たないのである。

経営者は、日本人としてしっかりとした国家観・歴史観をもつ必要がある。元経団連会長は「首相、靖国参拝をしないでください、われわれの商いができないようになるから」などと発言した。このように、企業の利益のために国益を犠牲にしてもかまわないという本末転倒の姿勢は、まことに憂うべきことである。

国家存亡の危機に際し自ら進んで戦い、そして殉じていかれた「英霊」に対して敬意を表するのは当たり前であり、世界各国の宰相は実行している。日本の現状は、公が国家を語ることを忘れた「商人国家」の番頭に成り下がったといえる。

2　法の遵守と道徳の尊重

(1)　法令をはじめとする諸ルールの習得

私たちは、長い期間を経て人々が経験した知恵が社会規範として成り立っていることを理解している。人々の生命と組織・財産を守るために取り決められた諸ルールが法令であり、各種法令は、社会規範を基《もと》に人々が社会生活、商いをするうえでの経典（バイブル）であるということをだれもが認めている。国内業務には国内の諸ルール、国際業務には相手方の

余話 7

公《おおやけ》を忘れた行為に対し、山田方谷《ほうこく》（文化２（1805）～明治10（1877）年、幕末･明治初期の教育者、佐藤一斎に学ぶ。備中松山藩（現岡山県高梁市）で藩政改革を実施、その教えを請う者は長岡藩河井継之助をはじめ全国に及ぶ。維新後は子弟の教育に専念）は「驚天動地の功業あるも」と題して「至誠惻怛《しせいそくだつ》、国家の為にする公念より出《い》でずして、名利《みょうり》の為にする私念《しねん》に出《い》ずれば、縦令《たとい》驚天動地の功業あるも、一己《いっこ》の私を為《な》すに過ぎず」（「方谷年譜」明治５年）と説いた。

要約すると、誠意と思いやりの心をもち国家・公のために尽くすという思いからではなく、名誉と利益を得ようとする思いから行ったものは、どんなに世の中をびっくりさせるような大事業でも、その行為は、ただ自分自身のために行ったにすぎないと、国益と社会貢献の大切さを教えることである。

諸ルールと国際的に取り決められた諸ルールを遵守して行動するのは当たり前のことである。

多種多様な業種で働く職業人は、帰属する業界の諸ルールを正しく理解し、業界に関連する他業界のルールも知り、自分が選んだ職務に誇りと使命感をもって遂行することが必要であり、これこそ、経営戦略を高める第一歩である。

余話８

外務省の調査によれば、昭和20年８月５日現在の海外資産は下記のとおりで、他国に没収されている。

国と国との関係においていざというとき、海外資産は凍結される。最も顕著な例は戦争であり、内乱などさまざまな要因がある。海外展開は、思考・ルール・慣習等が相違する他民族を相手にした商いであるため摩擦の発生は付き物である。

参考　大東亜戦争、敗戦直前の海外資産

地域名		金額（円）
満州国		1,465 億 3,200 万円
台湾		425 億 4,200 万円
朝鮮		702 億 5,600 万円
中華民国	華北	554 億 3,700 万円
	華中・華南	367 億 1,800 万円
その他（樺太・南洋・その他の南方地域・欧米諸国等）		280 億 1,400 万円
合計		3,794 億 9,900 万円

（出所）　国会図書館外交防衛課「調査と情報第 228 号　戦後補償問題」

(2) 道徳の尊重……IT時代でも主役は〝人の「心と心」の連携〟

科学技術・社会機構がどのように進歩・発展しても、それを動かして、安全な社会を構成する主役はいつの時代でも「人間」であり、このことは「不変の原則」といえる。このような行為は一人の人間ではできないことで、多くの人の「心と心」の連携があって、そこに信頼関係が醸成されてこそ、人間は安全な社会機構の構築や機械の有効活用ができるということを忘れてはいけない。すなわち一人で世間は生きられないということである。

人の「心と心」の連携はどのようにして構築されるのか。それは「心の豊かさ＝道徳」の尊重で、次のような「心」をもつことである。

① 和

日本の伝統・文化といえるものである。先人たちは家族への愛情が深く、その絆を大切にすることで、親孝行や兄弟・夫婦が仲よく円満な家庭を築くことができ、また、友人との絆を深め、社会的な信頼関係を構築してきた。すなわち、家族の絆を大切にすること（孝行・友愛・夫婦の和・朋友の信など）である。

② 恭

昨今の世相をみると、自己中心的な主張をする人が増加している。親鸞（承安3（1173）～弘長2（1262）年。浄土真宗の開祖）は、人が願い事や志を達成しようとするとき・達成したときには、必ず他の何かに支えられている。他力こそが私たちを生かし、支え、それぞれの願望をかなえてくれるものであり、「本願他力」であると説いている。他人への敬意と己への慎み深さを意識しなければならない（謙遜・博愛のこころ）。

③　智

智を得るためには学ぶことが大切である。学び実行することで円満な人格形成・企業の発展・公のために貢献できる〝人財〟に成長していくことになる。

数多くの先人たちの名言から、現代人は学びの原点とは何であるかを知り、知識よりも知恵を磨き、実践に応用することができる。

山田方谷は学びの道について、「ふみ見るも鋤《すき》もて行くも一筋の学びの道の歩みなるらむ」といい、読書をして知識を得ることも大切であるが、より大切なことは、知識ではなくより大きな「心」をもって、自ら土地を開墾し農作物をつくる経験をし、そこから学びとる知恵を得ることだと説いている。

同様な教えを一休（応永元（1394）～文明13（1481）年。僧侶）は、「真実般若《はんにゃ》の智慧というは、妄想分別をはなれて、大虚空《だいこくう》のごとくなるをいうなり」と説き、欲・偏見・慢心などを満足させるために学ぶのではない、より大切なことは大きな「心」、知識よりも知恵を磨くことを大切にすべきであると論じている。

そして、存心《そんしん》（自分の気持ち（目的）をしっかりもつこと）、致致《ちち》（物事の道理を極めていくこと）、力行《りっこう》（努力すること）の三つが継続して学ぶための基本であると、先の山田方谷は述べている。千里の道も一歩からである。学ぶことの大切さを知り、智能啓発に努めることである。

④　公

知識や能力を得ただけでは社会貢献をすることは不可能である。学んで得た知恵を世の中の役に立てたいという謙虚な心をもち努力すること、すなわち「徳」を培い、世の中のため、人のために生かされるように努力することが大切である。

⑤　義

「義を見てせざるは勇無《ゆうな》きなり」という。

昨今の日本国民は、行き過ぎた個人主義のため、独立自尊ができない「祖国愛」を喪失した国民に成り下がり、他国に防衛を依存するという、世界でまれにみる異質な国になっている。

新渡戸稲造（文久2（1862）～昭和8（1933）年。農政学者・教育者・国際連盟事務局次長）が、英・仏・独語など9カ国語で発信した「武士道」は、倫理・道徳観に始まり、勇猛果敢なフェアプレーの精神、勇気と忍耐等々、「日本人の魂」を養うことであると説いている。自分以外の大切な何かを守る心、遵法・義勇を常にもち続けることである。

3　経営戦略は「共有化」を図ること

企業において経営戦略の質を高め、役職員が一体となって推進するために重要なことは、リーダー自身が経営戦略を正しく理解したうえで、部下に正しく、その仕事のおもしろさを理解させることである。業務に携わる人たちが心を一つにして信頼し合い、報告・連絡・相談を密にして業務展開をすることが、高い目標を達成する原動力となる。先人たちの、現在でも通用する自分の気持ちを伝えたい心を参考にするとよい。

毛利元就（明応6（1497）～元亀2（1571）年。中国地方の戦国大名）は、「三人《さんにん》の半《なかば》、少《すこ》しにてもかけごへだても候《そうら》はば、ただただ三人御滅亡《おんめつぼう》と思召《おぼしめ》さるべく候」と述べ、仲間が同じ目標に向かって進むとき、行動を共にする仲間に心の隔たりがあると、その目標達成は困難になる、仲間が意気投合し、心を一つにすることが大切であると説いている。また、戦国時代の本多重次《しげつぐ》（享禄２（１５２９）～文禄５（１５９６）年。戦国時代から安土桃山時代の徳川家の家臣）が、長篠の戦いの陣中から妻にあてた家族を気遣う手紙「一筆啓上、火の用心　お仙泣かすな　馬肥やせ」は、日本一短い手紙として有名である。お互いにわかり合っているから大丈夫だろう、と考えていると、知らない間に心が離れてしまうこともある。大げさな表現でなくとも、気になったりすることを聞いたり、自分のことを知らせたりするチョッとした一言《ひとこと》が、お互いの絆を強くすることを表わした手紙といえる。

リーダーは、社員全員に対して忍耐強く経営戦略を周知徹底させ共有化できるまで浸透させる、心の強い人間になることが求められている。

3 好かれるリーダーより尊敬される人へ

「大番頭、主人と小僧に人気あり」。リーダー（番頭）にまつわる意味深長な古い言葉である。人数の多寡にかかわらず、リーダーは経営目標に向かって部下を意のままに動《うご》かさねばならない宿命を負っており、その必須要件は「人気」ということである。

ここでいう人気とは「人にこびたり・へつらったり・ゴマをすったり」することで得られるものではなく、歴史観・国家観をもち、「強い信念と責任の所在」を明確にして公私混同をしない明るい人柄で尊敬されることを「人気」と表現した先人訓である。

1　強い信念をもつこと

リーダーとしてなすべき基本は、業務遂行計画の策定、意思決定、伝達、部下の指導、育成等、数多くある。「人気のあるリーダー」とは強い信念をもって考動できる人である。

(1)　人生観を確立しているか

人間として、授かった人生（命）をどう生きるのか、他人とどのようにかかわり合うべきか、など確固とした考えをもつことは、哲学や宗教の深奥を極めるということではなくても、常識ある社会人（人間）として、また信頼されるリーダーとしても、当然必要である。

業務遂行・日常生活の営みにおいて、社会常識・倫理観・ルール・道義・礼節など、明確でブレない良識をもち一貫性のある考動をすることは、周囲との人間関係の構築、部下を統率する面での信頼につながるからである。そのためには、自己・他人について実像（長所・短所）を把握し、次いで長所はさらに伸長させ、短所は是正し、考動するときの価値観を樹立することが必要である。

(2) 使命感……成し遂げるという強靭な意志をもつ

リーダーとして、実行すべきこと、果たすべき役割を正しく認識しているか。社内では、上司・部下との円満な人間関係の醸成、業務目標の達成など、対外面においては、永続性のある取引増進など、その考動を統御するのは意思である。意思とは、「したい・したくない」という気持ちで、この考えが決意まで高められたものが「意志」である。意志は、絶対に成し遂げよう、どんなことがあっても参加するぞ、といった、決心・覚悟であり、事をなす場合に必要で、瞬間的なものではなく成就するまで継続しなければ価値はない。

意志が弱いと、「朝令暮改」すなわち計画変更・半端仕事が日常茶飯事のようになり、部下の動向は消極的となり、ピントはずれな行動や、ムダ・ムラ・ムリが起こり、業績低迷につながり、三日坊主と嘲笑の的となり事故を誘発する原因にもなる。

リーダーとしての業務遂行・リーダーシップ発揮のためにも、始めたことは途中で諦めたりせず、最後まで成し遂げる強い意志を培うことが重要である。

(3)　若さを失わないこと

事の成就は「棚から牡丹《ぼた》餅《もち》（略して棚ぼた）」「鰯網へ鯛がかかる」といった、労せずして思いがけない幸運に巡りあうことではない。何事も、その事にかかわった人たちの汗と涙、血のにじむ努力の結果、成就するものである。そこには、いろいろな要因はあるものの、とくにその事に打ち込んだ「情熱＝若さ」があるからである。若さとは心の状態であることを忘れてはいけない。

“若さ”

“Youth”

— Samuel Ullman —

Youth is not a time of life, it is a state of mind. It is a temper of the will, a quality of the imagination, a vigor of the emotions, a predominance of courage over timidity, of the appetite for adventure over love of ease.	“若さ”とは人生の一時《ひとときを》をいうのではない。 それは心の状態をいうのだ。 逞しい意志、優れた想像力、 炎ゆる情熱、 怯懦を乗り越える勇猛心、 安逸を振り切って 冒険に立ち向かう意欲、 こういう心の状態を “若さ”というものだ。
…………………………………	…………………………………
You are as young as your faith, as old as your doubt; as young as self-confidence, as old as your fear, as young as your hope, as old as your despair,	人は信念と共に若く、 疑惑とともに老ゆる。 人は自信と共に若く、 恐怖と共に老ゆる。 希望ある限り若く、 失望と共に老い朽ちる。
…………………………………	…………………………………

（出所）　佐藤一斎著／川上正光全訳注「言志四録」(3)（講談社学術文庫）より引用。

2　責任とは

(1)　社会秩序を維持する源泉

「責任」は、だれでもできればとりたくない、というのが人情である。しかし、国民が安全・安心な社会秩序・生活を維持できるのは、社会人（国民）があらゆる分野で責任を分担して考動しているからである。リーダーの地位にある人、たとえば、政治家が外国人から違法な政治献金を受けたり、トップ経営者が賄賂を授受したり、粉飾決算、脱税、飲酒運転、反社会的勢力との取引など、不法行為が発覚し問題が生じたとき、社会人として適切な責任のとり方をしないと、先人が築き現代人に引き継がれてきた「信用・信頼」を一瞬にして失い存亡の危機を招くこともありうる。

立場により負うべき責任の軽重度合いは異なるが、責任は、すべての人に課せられた責務であるともいえる。

(2)　責任の所在を明確に……責任を担う心

責任は、だれでも自分が引き受けて果たすべき務めであり、ある行為の結果から発生する損失や制裁を自分が引き受けることである。先に述べたように、社会秩序・生活が維持され、その共同目的が遂行されていくのは、そこに各分野で働く人々の、責任を必ず果たそうとする旺盛な「心＝責任感」が存在するからである。自分の考動結果には責任を負うという強い意志（決心）で動いていることを確認して、責任の所在を明確にしておくことが大切である。心とは「愛社精神」である。

(3) 責任と権限

a 責任問題はどのように生ずるか

① どんなときに……失敗・不成功・顧客とのトラブル・職務怠慢・不注意・営業時間中の交通事故、不正行為など法律・職務規定違反などをしたとき

② だれに……原則として、事故やトラブルを起こした本人直属の上司・部下、帰属する団体、または、相手方（取引先）に対し、間接的には、関係するメンバー全員に対して

③ どのように……失敗・ミスなどを認め、その損害を確認する。そして挽回するための考動ができれば、直ちに実行する。責任と権限は常に表裏一体となっている

質的・量的に大小の相違はあっても、その分野において、権限に見合う責任を負うことは当たり前で、リーダーでなくても職務遂行責任があることを認識（あるいは、「自覚」）し、平素から果たすべき責任について、確認しておくことが大切である。

b 他人への責任転嫁は「恥」

昨今、公職選挙法違反、政治資金規正法違反、汚職・横領事件など、当然、責任を負うべき張本人が、「知らぬ存ぜぬ」「秘書がやった」などと、紋切り型の言い訳を公然と述べるなど、部下に対する責任転嫁や押しつけが横行している。政・官・業・マスメディアなど、あらゆる分野で日常的に生じているといっても過言ではない。

権力や権限を悪用して、また、書類の偽造など証拠不十分をいいことにして、秘書・部下などに責任をなすりつける現象が多発している。「僕は何も聞いていなかったよ」「そんなことをいった覚えはないぞ」「秘書が勝手

にやったこと」「外国人から政治献金を受け取ったという認識はなかった」「母親からの毎日50万円の贈与が問題であるとは思わなかった」「数億円の土地売買に直接関与しなかった」など、政治家のウソ発言による責任回避。部下の失敗やミス・不成功や越権行為について、「われ関せず」と逃げの姿勢をとることは、リーダーとして無責任きわまりないことである以前に、人間失格者である。恥を知れ、といいたい。

余話９

５分前の精神

ちょっとした約束を守らなかったため顧客との取引がダメになった例は数多くある。この言葉は船乗りの精神(シーマンシップ)として、海軍で使用されていた号令言葉の一つで、「総員起し５分前」とか「就業５分前」といったように、何か一つの仕事につくとき、あらかじめ５分前に準備を完了し、その時間になったら順調に仕事が開始されるようにすることである。

その意味するところは、第一に、仕事をするとき、事前準備が万全であれば、今日１日計画的に職務遂行ができること、次いで、仕事をするとき５分間余裕があれば、何か非常事態が発生しても臨機応変、有事即応の処置ができること、第三は、時間を守れということである。人間社会において時間は命より大切であり、時間を厳守する人は人に信用され、守れない人は信用されないとまでいわれている。約束した時間の５分前にその場所にいれば遅刻はありえないということ、さらに、私たちの社会はすべて約束で成り立っている。約束の原点は５分前の精神を実行するといっても過言ではない意味深長な言葉である。その効果は、①作業がいっせいに開始できる、②相互間の連絡・協調（コミュニケーション）が良好となる、③チームワークの結束・強化ができる、④ムダな時間を排除できる、⑤結果として企業（役職員）全体の信用・信頼が高まり、業績向上につながることなどがある。

4 職務遂行者の義務と責任

企業・団体等が経営目標を掲げ社会貢献を果たすために中心となるのは、現場で働く職務遂行者（支店長・所長・課長・係長・一般職員・契約職員など（従業員という））である。すなわち、現場の従業員である彼らが、企業の使命と経営目標を理解し、労働協約・就業規則・労働契約を遵守し、企業の指揮・命令に従い誠実に労働する義務を遂行しているのである。

従業員が忠実義務違反を犯せば懲戒処分の対象となり、最悪の場合には懲戒解雇となる。第三者に損害を与えたときは、第三者に対する損害賠償責任を負うことになる。

1 従業員の誠実労働義務

現場で働く従業員の労働条件は、労働者と使用者が対等の立場で決定することとなっている（労働基準法2条1項）。そして、労働者と使用者は、労働協約・就業規則および労働契約を遵守し、双方が誠実にその義務を履行する責任を負うことになる（同条2項）。

具体的には、社会常識・倫理観をはじめ、インサイダー取引・虚偽の風説（噂）流布等の禁止、製造物責任法や秘密保持義務、企業の諸ルールの遵守など、昨今、あらゆる分野で叫ばれているコンプライアンス（Compliance：

法令等遵守）の職務遂行義務が、現場で働く従業員にも課せられている。

2 知らなかったではすまない法令違反

トラブルが発生すると、役職員から、「そんなことは知らなかった、教えられなかった」という言葉がよく発せられる。身近で生じやすい出来事を紹介するので、自己啓発の材料にしてほしい。

(1) インサイダー取引とは

上場会社等または公開買付者等の役職員・主要株主等の「会社関係者」で、「内部者」として対象の有価証券についての重要事実または公開買付等に関する事実を知った者が、その公表前に株式等を売買する行為は、利益・損失の有無にかかわらず、インサイダー取引（Insider Tradeing）として違法行為（金融商品取引法166条・167条）にあたり、刑事罰の対象となる（同法197条の2・207条）。

なお、インサイダー取引その他の違法行為に関与すると、図表11のような処罰を受ける。

(2) 虚偽の風説（噂）の流布

不特定多数の人々に「デマ」を飛ばして営業を妨害することで、偽計・

図表11　不公正取引

違法行為	罰　則
不公正取引、 風説の流布、 偽計、相場操縦	懲役：10年以下 罰金：個人1,000万円以下 　　　法人 7 億円以下
インサイダー取引	懲役： 5 年以下 罰金：個人500万円以下 　　　法人 5 億円以下

威力などの方法によってなされる行為である（刑法２３３条）。

虚偽の風説の流布とは、真実でないこと、事実と相違することを、不特定または大勢の人に伝え、他人の業務を妨害する行為である。要するに事実と相違する「噂」ということで、具体的にどんな行為かといえば、「競争相手の販売を妨害するため、架空の会社名で競争相手の製品を低価格で販売するという、チラシ・新聞広告をする行為」は虚偽の風説を流布して業務を妨害したことになる。

また、虚偽の風説の流布以外に、次のような行為も罰則の対象となる。

① 偽計とは

人をだまし、誘惑し、あるいは他人が間違いに陥りやすい、または知らないことを利用して、人を錯覚させる行為である。

② 威力とは

暴力・脅迫にかぎらず地位・権勢を利用して、人の意思を利用して力でおさえることである。

③ 業務妨害と罰則

虚偽の風説を流布し、または偽計を用いて人の業務を妨害した者は、３年以下の懲役または50万円以下の罰金に処せられ（刑法２３３条）、威力を用いた場合も前記と同様である（同法２３４条）。

⑶ 職務上知りえた未公表の情報は喋るな

すべての職業人は、職務上知りえた自社・取引関係の秘密を他に漏えいしてはならない義務があり、これを「守秘義務」という。公表されていない増資や社債発行計画、新製品の開発・販売計画など、主として経済・財政上の情報を正当な利用もなく第三者に漏らし、その結果、会社に損害を与えると賠償責任を負う。また、退職後も守秘義務があることに注意すべきである。

a　なぜ、守秘義務が必要か

他社（他国）と格差をつけるため、新技術の開発をはじめ重要な情報は機密扱いにされている。自社が他社に先がけて新技術を開発すれば、企業の命運にかかわる一大事であるから、すべての職業人に「守秘義務」が課せられ、企業（国家）防衛がなされているのは世界の常識である。

わが国は、国をはじめとして国際的な事業展開をしている企業の情報管理は杜撰で、他国の工作員によるハッカー攻撃を受けている情報天国で、スパイ防止法など外国並みの対策が必要である。

b　守秘義務の対象

守秘義務の対象となるのは、業務上知りえた情報だけではなく、自社・取引関係先の公表されていない資産状態（増資・社債発行など）、事業計画（新製品の生産・販売、新規設備、事業譲渡など）をはじめ、顧客名簿など社内で配布される資料も対象となる。これらの資料をコピーして競合他社に手渡す行為も守秘義務違反に該当する。

c　守秘義務の根拠と責任

取締役・監査役等の役員は会社に対する善良な管理者の注意義務（会社法３３０条、民法６４４条）、忠実に職務を遂行する義務（会社法３５５条）などを負う。

また、次にあげる立場にある人たちも同様な罰則の対象となる。

①　従業員

雇用契約を締結しているため、誠実に労働する義務があること、秘密を漏らさないことを約束している。就業規則・規程などには懲戒処分規定があり、諸ルール違反には、たとえば、「戒告、減給・減俸、出勤停止、降格、諭旨解雇、懲戒解雇」などの責任を負うことになる。

②　国家（地方）公務員

国家公務員法１００条に守秘義務（地方公務員法34条）規定があり、違反すれば1年以下の懲役または50万円以下の罰金に処せられる（国家公務員法１０９条12号）。地方公務員は1年以下の懲役または３万円以下の罰金に処せられる（地方公務員法60条2号）。

③　弁護士

弁護士法23条の規定による守秘義務があり、違反すれば弁護士会から懲戒処分を受ける（同法56条）。また、汚職行為（同法26条）があると3年以下の懲役に処せられる（同法76条）。

④　税理士

税理士法38条の規定による守秘義務があり、違反すると2年以下の懲役または１００万円以下の罰金に処せられる（同法59条1項2号）。

以上のように、業法に罰則規定が設けられており、また、守秘義務に違反すると名誉棄損で提訴される可能性もあるから注意が必要である。

d　守秘義務の免除と防止策

次の場合には、守秘義務は免除される。

①　自社・取引関係先の承諾がある場合

守秘義務は、自社・取引先との信頼に基づくものであるから、承諾があれば義務違反にはならない。

②　法令の規定による場合

各種の税務調査（国税徴収法141条、国税犯則取締法1条・2条）、証人尋問（刑事訴訟法143〜164条、民事訴訟法190〜206条）、検証（刑事訴訟法128〜142条、民事訴訟法232条・233条）、証拠物の押収または文書の提出命令（刑事訴訟法99〜127条、民事訴訟法220〜226条）などである。

現代は情報が氾濫している時代である。ちょっとした心の緩みが情報漏えいにつながるから、次のようなことに注意（防止）する必要がある。

①　職場外では、職務に関する会話はいっさいしないこと（たとえば、電車内、飲食店など）、自宅へ職務上の書類などもって帰宅しないこと

②　親子・夫婦間でも職務上知りえた機密事項は他言しないこと

などである。

余話 10

リーダーは数字に強くなれ

昨今、値引き合戦が各業界で展開されている。価格の値引競争に原則参加してはいけない。よりよい製品の提供・心のこもったサービスの提供に心を傾けるべきである。たとえば、仕入金額800円の商品を1,000円で100個販売する場合と、10%値引きして150個販売し売上げをふやした場合、どちらが得か損かを考えてみる（計算式１、２参照)。計算式２は、売上げとしては企業の業績にプラスになるようであるが、利益を考えた場合ははたしてどうだろうか。値引き競争は回避すべきである。

〈計算式〉

1　1,000円で100個販売する場合の売上と粗利益は
　売上げ　1,000円×100個＝100,000円
　粗利益　（1,000円－800円）×100個＝20,000円

2　10%値引きして150個販売した場合の売上と粗利益
　売上げ　900円×150個＝135,000円
　粗利益　（900円－800円）×150個＝15,000円

第5章

危機管理とリーダー

1　ウソがもとで「小事が大事」へ

政・官・業・メディア・教育界等、各界で発生している不祥事は、すべて「人」の行動によるものである。リーダー、部下など仕事の関係者が責任回避のため、ウソの「報・連・相」で事実を隠蔽すれば、事態はいっそう悪化する。

人は失敗を犯すものである。間違いを犯したとき、あるいは発見したときは、ためらわず事実関係を正確に把握して正直に開示し、最小の被害にする防止策を講ずることが必要である。また、「機器は必ず壊れる」という前提に立って対処すること。「ウソで顧客の信用を得、企業を存続させることは不可能」であることを知るべきである。

危機が発生したときの対処の仕方で、他人に責任を転嫁するタイプか、率先して解決し再発防止をするタイプか、リーダーの実像が判明する。

1　ウソがまかり通る現象は経営破綻の前ぶれか

政・官・業・メディア・教育界をはじめ各界で多発している不祥事の実態をみると、経営に関与するリーダーたちが、自分の在任期間中の利益追求と名誉・出世欲、金欲にかられた「場当り経営」と「ウソの情報公開」で守銭奴化した経営を行っていた形跡がうかがわれる。

「ウソは泥棒の始まり」という。一度ウソをつけば、そのウソにウソを上塗りするという、ウソの連続となる。そこで経営危機に追い込まれるのだが、これは当然の理である。企業内（議会・官庁など含む）でウソがまかり通るのは、破綻の前兆であるのかもしれない。「天知る、地知る、子知る、我知る」（『十八史略』（東漢）の一節）にあるように、ウソは隠しても、いつか必ず発覚するということを知ることである。

リーダーは「企業倫理」の遵守に対する使命感と責任をもち、ルール違反のない堅実経営を行う。社会に対して正確な情報を公開し、「オンリー・ワン」の企業を目指すためにも克己心をもち理非曲直を識別する能力を磨く。ウソをつかず誘惑に負けず、不法行為に加担しないという、当たり前のことに対する強い意志と、より高い倫理観、私心を捨てて考動することが、いま、あらゆる階層のリーダーに求められている。特に経営トップの行動こそが問われているときである。

2　ウソは誤った判断を誘引―小事が大事へ―

商いをするうえで、自然災害をはじめ不良債権・取引先の倒産・ハッカー攻撃・人材の流出など、さまざまなリスクはつきものである。こうしたリスクを回避するために法令等遵守を重視した営業活動が尊重されている。不幸にして事故やトラブルが発生したときに、リーダーは、発生した事象をとらえてガミガミと怒鳴りつけるのではなく、事実関係（特に、マイナス面も含めて）を正確に報告させることが大切である。なぜ正確な報告が大切であるかを、次のような事例を参考に日頃から周知徹底するとよい。

● 病気になって医師の問診を受けるとき、頭痛であるのに腹痛といえば誤診の原因となる。同様に、私たちが仕事をするうえでも、ウソ情報を発信すれば、事理を判断する際に間違いを犯すことになり、「小事が大事」に発展するということを認識することである。
● ウソで事実を隠蔽すると、ちょっとした事故でも、尾ひれがつき大きく増幅する。ウソ情報が独り歩きして企業の信用失墜となり破綻に追い込まれることもある。種々の不祥事件から学び「他山の石」とすべきである。ウソが発覚したときは厳罰に処すというルールも必要である。
● 「針とる者、車をとる」という諺がある。この意味は、針を盗むという小さな悪事も、放っておくと車まで盗むようになるということである。小さな悪も厳しく戒めよ、と教示している。

3　事故を隠蔽し逮捕された元役員の告白

ちょっと古い話になるが、次の告白は不祥事件に関与した担当役員の人間の心理状態をよく表した内容で、事故隠し防止の良薬にするとよい。

名古屋鉄道の元取締役は、路線バス無免許運転隠蔽事件が発覚した際、新聞社の取材に対して、捜査を受ける身であるため、コメントはできないと答える一方で、隠蔽工作に加担した自らの責任について「ずっと悩んでいた。しかし（黙っていれば何事もないという）甘い声に負けてしまった」と悔恨の言葉を吐露していたと報道している（中日新聞・平成15年7月23日付朝刊、類似記事は散見される）。

この言葉は、事故の内容が判明したとき、なぜ企業の体面保持のため事実を隠蔽し、ウソ情報を開示してしまったのか、「隠す」より「正直」に事実を公表し、関係者の責任と事故の再発防止策を正々と発表したほうが、企業の信用保持になったのではないかということを意味している。

ウソ情報の開示で企業の信用が失墜すれば、企業は関係者を守ってくれない。いわんや、刑事被告人ともなれば判決前でも失職、家庭崩壊になりかねないという、痛恨の叫びであることを肝に銘じるべきである。

2 社内・社外における「セクハラ行為」

セクハラ行為が社内外で発生している。一般的には男性が女性に対して（この逆もある）、相手の意思を無視して執拗に行う性的な嫌がらせや発言行為である。

加害者は不法行為、著しく悪質なときは、強制わいせつ罪、名誉毀損罪で刑事罰を科せられ、雇用主も使用者責任を問われることもある。

明るい活力ある職場（社会）づくりのため、良識ある社会人として、「男」と「女」の性差（Gender）を双方が正しく認識して人格を認め合うことが必要である。

1 セクハラ行為とその発生要因

セクハラは、セクシュアル・ハラスメント（Sexual Harassment）の略で、日本語では「性的嫌がらせ」という。

一般的には男性が女性に対して、相手の意思を無視して執拗に行う性的な発言や行為を指している。具体的には、

① 言葉による場合……からかい、デートや性的関係の誘い、相手の容姿や生活についての性的な発言や質問、性的ジョークなど。

② 視覚による場合……ヌード写真やわいせつ図画を机・壁などに貼付したり、みせたりすること。

③　文書による場合……わいせつ文書を読んだり、読ませたり、同様にメールによって相手の反応を楽しむなど。

④　行動による場合……相手の肩や腰など身体への不必要な接触、カメラによる盗み撮り、性的暴行、強制わいせつ行為など、多種多様である。

2　セクハラ行為の発生要因と影響

社会を構成するのは、男と女である。セクハラ問題は古くから存在していたといえるが、多くは性的ジョークで、受けても聞き流す包容力があり社会問題化することが少なかったといえる。昨今は、悪質な盗撮・ストーカー行為、女性の社会進出が進行するなか、男性が女性の就業に対する意識やその変化を認識せず、女性を正当なパートナーとしてみていない傾向や体質が、まだ一部にあるからではないだろうか。

職場において、男女間のコミュニケーション不足、女性を積極的に活用する方針や制度の未成熟と不徹底などのほか、男女双方が性差＝ジェンダー（生理的・文化的・社会的に生み出されてきた、あらゆる男女の性差を指す）があることを忘れ、正しく認識していないことにある。

こうした社会状況の変化により、セクハラが広く職場で問題となっている。上司・先輩と部下といった指揮命令関係など、昇給・昇進遅れ、転勤など雇用上の不利益を生じさせる「対価型」と、性的言動により職場環境が悪化し、女性の労働意欲を停滞させる「環境型」があり、放置していると明るい職場づくりが不可能になることを、リーダーは認識する必要がある。

セクハラ問題が複雑になるのは、同じ内容のジョークでも、報・連・相（第3章100頁参照）のところで述べたように、立場によってまったく受け止め方が異なり意識が異なるからである。このことを認識することが大切である。

3　セクハラ行為の防止策

男女雇用機会均等法（雇用の分野における男女の均等な機会及び待遇の確保等に関する法律・昭和47年制定）は、平成11年の改正で新たにセクハラ防止規定が設けられ、職場における性的な言動に起因する問題について雇用管理上の配慮を求めている（同法11条1項）。セクハラ問題の未然防止と、明るい健全な職場づくりのため、各企業では就業規則において方針を打ち出し、あらゆる機会を通じてセクハラに対する問題意識を徹底させることが必要である。雇用管理上、配慮すべき事項は、

① 事業主の方針の明確化および周知徹底と啓発
② 相談・苦情への対応窓口の設置
③ 職場でセクハラ行為があった場合における事後の迅速で適切な対応
④ セクハラ行為が発覚したとき、双方から正しく事情聴取し、就業規則に基づいて処罰すること

などである。セクハラ行為と疑われるような行動は、いかなる場所においても厳禁であることを周知徹底することがリーダーの責務でもある。

4　セクハラ行為と罰則

セクハラ行為は、態様により不法行為責任（民法709条）を問われ、使用者である企業も使用者責任（同法715条）により賠害賠償責任を負うことになる。また、対価型の場合には、与えられる不利益の度合い、環境型では他者が受ける不快度、嫌悪感の程度が著しいときには、強制わいせつ罪（刑法176条）により、6月以上10年以下の懲役となる。

名誉毀損罪（同法230条）の場合は、3年以下の懲役もしくは禁錮または50万円以下の罰金に処せられることを知って、日常業務を遂行することである。

また、リーダーに対する積もり積もった怒りや不平不満を、憂さ晴らしで他人を陥れる行為もあるため注意する必要がある。

3　甘い罠（Honey Trap）にかかるな—刑法違反行為—

甘い罠（ハニートラップ：Honey Trap）は、正常な業務活動ではなく、人間の欲望に目をつけて、相手が必要とする対象者を「金銭・異性による色仕掛け」によって籠絡して有利に事を運ぶことを目的とする古くから存在する諜報活動である。国際舞台では、ロビー活動として、国内では企業間の接待などを利用して行われる。正常な行為と違法な行為とは紙一重で表裏一体であるから、これぐらいのことは法律に抵触しないといった安易な考えは通用しないことを認識することである。

知らない間に、背任罪・業務上横領罪・詐欺・賄賂など、刑法違反行為になることを、肝に銘じて行動し、甘いささやきに決して乗ってはいけない。

1　甘い罠は相手を攻略する戦術

(1)　甘い罠とは

一般的には女性が対象の男性（この逆もある）と、金銭と性的誘惑で関係を結び、その仕掛けた行為を利用して懐柔するか、相手の弱みとして脅迫し機密情報を要求する。昔から存在する「色仕掛け」による諜報＝スパイ工作活動である。ハニートラップと同様な意味合いで使用されているのが、セクシャル・エントラップメント

（Sexual Entrapment：性的な囮《おとり》という意味）があり、一種の情報戦である。

⑵　昔から存在する甘い罠

甘い罠は、地球上に人類が生存するようになったときから、相手を攻略する戦術として利用されている。論語「斉人《せいひと》　女樂《じょがく》を帰《おく》る。季桓子《きかんし》　之を受け、三日《みっか》　朝《ちょう》せず、孔子行《さ》る」とある。現代語に訳すと「孔子が魯《ろ》国の執政となり魯国が勢力を拡大してきたため、隣国の斉は侵略される脅威にさらされた。友好のために財宝を贈ってはどうかと議論された。財宝を贈る前に魯国の内部を攪《かく》乱するため、美女歌舞団（80人）を編成して魯国へ贈ったところ、最高権力者の李桓子はこれを受け取り、歌舞団の舞を見物し3日間も政庁に出勤せず戯れ遊興、孔子は魯国を去っている」となる。

古今東西、国盗りには武力ではなく、相手方を「甘い罠」により特定の思想、歴史を捏造して宣伝し行動させようとする「プロパガンダ（Propaganda）」行為は、日常茶飯事である。私たちの周辺で発生していることを忘れてはいけない。

⑶　甘い罠にかかると→終着駅は尊い命を絶つ

甘い罠にかけられた、被甘罠人は以降、甘い罠をかけた相手（甘罠掛人）から、甘い罠にかけた証拠を持ち出され企業秘密の漏洩を強要される。最初の段階で、潔く事実を公表すれば、企業秘密の漏洩を未然防止できるのであるが、大多数、自己保身のため甘罠掛人のいうがままの行動をしてしまうことになる。

その終着駅は、必要な機密事項を持ち出させ、利用価値がなくなるとお払い箱となったり、発覚し免職処分など、着々と築いてきた社会的な信用を失墜すると同時に家庭崩壊となる。最悪の終着は、天から授かった尊い命を自ら断つ（自殺する）ことになる。

こうした、甘い罠にはめられ自殺した、在上海日本総領事館の通信担当官は、平成16（2004）年5月6日、当時の上海総領事あての遺書に「一生あの中国人達に国を売って苦しまされることを考えると、こういう形しかありませんでした」「日本を売らない限り私は出国できそうにありませんので、この道（自殺）を選びました」と記し、尊い命を断っている。

この事件は「国家機密漏洩事件」であるが、民間企業においても同様なことがいえる。他山の石として、肝に銘じて行動すべきである。

2　甘い罠にかからぬために

甘罠掛人は、必要とする機密情報・資料などを得るために、相手の組織とその実質的な中心人物はだれか、ターゲットに対する徹底した分析・研究を行っている。その人物を「落とす（味方につける）」には何が必要であるのか。「カネ」なのか「異性」なのか、それともほかのものなのか、趣味に至るまで徹底分析して、アプローチしてくるため、仕事の内容についてはいっさい、他言しないという習慣をつけることである。

日常生活にあっては、身の丈に合った生活をし、ギャンブルをしないこと、酒・異性におぼれない、公私混同をしないことである。不覚にも甘い罠にかかったと気づいたら、「過ちて改めざる是を過ちと謂う」との言葉のように、隠蔽することなく上司に「報・連・相」で再発防止することである。さらに、組織の構築と、色恋・財物の誘惑に負けない、理非曲直を識別できる社会人になるため自己研鑽することである。

4 サイバー攻撃・産業スパイ対策

企業（国家）組織や関連企業のコンピュータやネットワークをねらったサイバー攻撃は、いまや企業（国家）の存亡にかかわる「安全保障」を脅かすIT時代における「新たな脅威」である。

また、スパイ防止法もないわが国では「スパイ天国」と他国から揶揄されるほど無防備で事件が発生している。目にみえない攻撃に対する「防備」の構築が急がれていることを最高責任者は認識して、その対策を構築するとともに、役職員は共通の認識をもって日常業務を遂行することである。

1 サイバー攻撃とセキュリティ対策

(1) 新たな戦争

企業（国家）の重要機関や施設の機能を破壊したりマヒさせたりするサイバー攻撃が国際的に行われており「サイバーテロ」とも呼ばれ、武力を行使しない「新たな戦争」の形態であると定義されている。

このサイバー攻撃は、外部からサーバーやパソコンに侵入して、情報を勝手に外部に送信したり、画面をのぞき見するだけではなく、書替えや破壊など、外部操作による侵入の痕跡も消すことができるという、新しい破壊活動である。

(2) 官公庁・大手企業にサイバー攻撃

新聞情報によると、官公庁・大手企業は相次いでサイバー攻撃を受けており、日本を代表する総合機械メーカー「三菱重工業」(東京都)が、第三者からサイバー攻撃を受け、最新鋭の精密機器を製造している工場などで、少なくとも約80台のサーバーやパソコンがコンピュータウイルスに感染していたことが明らかになったと報道された。また、情報の抜き取り・書替え・外部送信などもされた可能性もある。さらに、こうした感染は、神戸造船所(神戸市)・長崎造船所(長崎市)・名古屋誘導推進システム(愛知県)など各社でも確認できたと報じている(平成23(2011)年9月19日付読売新聞朝刊)。同日付同紙「サイバーウォーズ」では、同年5月警察庁の係長は1通のメールを受け取り不審に思った。「移動」と「異動」を間違えるなんてあるだろうか、と。差出人は内

余話 11

サイバー攻撃に対する国際情勢は自国防衛上の軍事面に波及しており、さまざまな対応策が検討・実行されている。日本では「サイバー空間防衛隊」の設置が検討される段階である。

軍事面での各国・機構のサイバー攻撃への対応策

日本	サイバー専門の部隊創設を検討。米軍と情報交換
米国	サイバー空間を陸海空、宇宙と並ぶ作戦領域と規定。サイバー司令部を設置し、陸海空軍・海兵隊の各サイバー部隊を横断的に統括する権限を付与
北大西洋条約機構(NATO)	最高意思決定機関の北大西洋理事会がサイバー防衛に関する政策と作戦を統括
豪州	米国との共同対処を決定
韓国	国防情報本部の下にサイバー司令部を創設
中国	「網軍」と呼ばれる専門の軍部隊を育成

(出典) 平成24(2012)年1月1日付読売新聞朝刊

閣府の実在する職員だが、念のため相手に電話で確認したところ「メール送信はしていない」という。

係長の通報で、同庁情報通信局がメールを分析した添付ファイルからウイルスが発見された。パソコン画面上に表示されたメールアドレスの末尾は内閣府を示す「cao.go.jp」。だが、メールは米国内のサーバーから送信されている。感染に気づかないふりをして監視を続けると、外部からウイルスに指令が来た―「パソコン内の情報を送信せよ」―。指定された送信先は、中共のサーバーだった。

前記のように「目にみえない攻撃」に対する万全の「セキュリティ」対策の構築が必要である。

2　産業スパイの横行

(1)　大使館書記官によるスパイ行為

スパイ防止法のない日本は「スパイ天国」といわれて久しい。国家機密・企業機密情報が漏洩した事件が発生している。平成24（2012）年5月、警視庁公安部は在日中国大使館の一等書記官・李春光に対し、外国人登録証明書を不正更新した外国人登録法違反容疑で出頭要請を行ったというニュースである。内容は複雑多岐で、副大臣室での筒井信隆農水副大臣との頻繁な接触、農産物の対中輸出促進事業、防衛関連企業社員との接触など、政府の中枢にまで「工作菌」が侵入している。由々しき戦後最大といってよい諜報事件といえるが、なぜか「社会の木鐸」を自称するマスメディアは真相を追及する姿勢が見受けられない。

(2)　従業員による産業スパイ行為

企業の機密情報が従業員によって持ち出された漏洩事件として、平成24（2012）年3月28日報道された内容は、工作機械製造最大手のヤマザキマザック（愛知県大口町）の工作機械のデータファイルを不正に複製した同社従業員中共籍・唐博が不正競争防止法違反（営業秘密の領得）容疑で愛知県警に逮捕され、「産業スパイ」の疑いがあると報じている。

貸与されたパソコンで同社のサーバーにアクセスし、企業秘密となっていた工作機械の図面の情報を自分のハードディスクなどに複製し不正に取得。機密情報を要求する電子メールを受け取り、2万件に及ぶデータを送信したことと、その電子メールの発信者は中共政府関係者の男であったと供述しているとのことである。

平成19（2007）年3月には、大手自動車部品メーカーのデンソー（愛知県刈谷市）でも、中共人エンジニア・楊魚川は、1カ月に数件程度同社のデータベースからダウンロードしていたが、異動直前の3カ月間には、約15万件もの大量のデータが、自分のパソコンに内蔵されているハードディスクに移動されたという。会社貸与のパソコンを自宅へ持ち帰り送受信していたことも判明、私物のパソコンのハードディスクは破壊されていたとのことである。

(3) ハッカー集団によるデータ詐取

国際的なハッカー集団「アノニマス」の関連組織が米アップル社のアイフォンやアイパッド計1200万台分の利用者名・住所・電話番号などを盗取して、その一部をネットに公開した事件が発生している。

余話 12

スパイ活動は、「甘い罠」のみではない。米国 FBI で長年、中共の対米工作の監視を担当し、中共の諜報活動に精通しているポール・ムーアは『中国スパイ秘録』（ディヴィッド・ワイズ著、原書房）で、相手を籠絡させるための中共のスパイ活動の特徴について、次のように述べている。

① 甘い罠にかけず、相手を信じさせ自発的に協力するような「人脈」をつくって情報収集する。

② 賭博好み・酒好きを選ばず、ごく普通の健全な人間を工作対象に選ぶため、情報の質の信頼性が高く発覚しにくい。

③ 慎重かつ忍耐強くターゲットに接近して落とす。中共のスパイ行為、工作に協力することがすばらしいこと、正しいことと思い込ませる。

李春光のスパイ容疑事件をみると、松下政経塾関係者、東大法学部の公共政策大学院、東洋文化研究所、さらに国会議員まで何の警戒心ももっていなかったことに驚愕すると同時に、一日でも早いスパイ活動に対する法整備の確立と国民一人ひとりが企業（国家）防衛について関心をもつことが、いかに大切かを痛感する。

5 反社会的勢力の排除→甘い罠にかかるな

近年、特に詐欺的手法・暴力・威力などを利用して、企業活動・政治活動・社会運動を標榜して経済的利益を追求する集団または反社会的勢力が、行政機関・企業・個人等に対して、金融・証券をはじめあらゆる分野で「でっかい暴力という棍棒を片手に、耳触りのよい猫なで声で、巧妙な手口で不当な利得を獲得する反社会的な行為」が多く発生、かつ多様化・国際化している。

なぜ反社会的勢力を排除するのか、その基《もと》を学び「商い」することが大切である。

1 反社会的勢力による被害を防止するための基本原則

反社会的勢力を社会から排除していくことは、社会の秩序や安全を確保するうえできわめて重要な課題であり、反社会的勢力との関係を遮断するための取組みを推進していくことは、企業にとって社会的責任を果たす観点から必要かつ重要なことである。

さらには、反社会的勢力は、従業員を標的として不当要求を行ったり、企業そのものを乗っ取ろうとしたりするなど、最終的には、従業員や株主を含めた企業自身に多大な被害を生じさせるものであることから、反社会的勢力との関係遮断は、企業防衛の観点からも必要不可欠な要請である。

このような認識のもと、平成19（2007）年6月19日、内閣総理大臣が主宰する犯罪対策閣僚会議が「反社会的勢力による被害を防止するための指針」を公表、次の五つの基本原則を示している。

① 組織としての対応
② 外部専門機関との連携
③ 取引を含めたいっさいの関係遮断
④ 有事における民事と刑事の法的対応
⑤ 裏取引や資金提供の禁止など

2 基本原則に基づく対応

(1) 反社会的勢力による被害を防止するための基本的な考え方

反社会的勢力による不当要求は、人の心に不安感や恐怖感を与えるものであり、なんらかの行動基準等を設けないままに担当者や担当部署だけで対応した場合、要求に応じざるをえない状況に陥ることもありうるため、企業の倫理規程、行動規範、社内規則等に明文の根拠を設け、担当者や担当部署だけに任せずに、代表取締役等の経営トップ以下、組織全体として対応する。

① 反社会的勢力による不当要求に対応する従業員の安全を確保する。
② 反社会的勢力による不当要求に備えて、平素から、警察、暴力追放運動推進センター、弁護士等の外部の専門機関（以下、「外部専門機関」という）と緊密な連携関係を構築する。

③　反社会的勢力とは、取引関係を含めて、いっさいの関係をもたない。また、反社会的勢力による不当要求は拒絶する。
④　反社会的勢力による不当要求に対しては、民事と刑事の両面から法的対応を行う。
⑤　反社会的勢力による不当要求が、事業活動上の不祥事や従業員の不祥事を理由とする場合であっても、事案を隠ぺいするための裏取引を絶対に行わない。
⑥　反社会的勢力への資金提供は、絶対に行わない。
(2)　平素からの対応
代表取締役等の経営トップは、(1)の内容を基本方針として社内外に宣言し、その宣言を実現するための社内体制の整備、従業員の安全確保、外部専門機関との連携等の一連の取組みを行い、その結果を取締役会等に報告する。
①　反社会的勢力による不当要求が発生した場合の対応を統括する部署（以下、「反社会的勢力対応部署」という）を整備する。
反社会的勢力対応部署は、反社会的勢力に関する情報を一元的に管理・蓄積し、反社会的勢力との関係を遮断するための取組みを支援するとともに、社内体制の整備、研修活動の実施、対応マニュアルの整備、外部専門機関との連携等を行う。
②　反社会的勢力とは、いっさいの関係をもたない。
そのため、相手方が反社会的勢力であるかどうかについて、常に、通常必要と思われる注意を払うとともも

に、反社会的勢力とは知らずになんらかの関係を有してしまった場合には、相手方が反社会的勢力であると判明した時点や反社会的勢力であるとの疑いが生じた時点で、速やかに関係を解消する。

③　暴力団排除条項の設定

反社会的勢力が取引先や株主となって、不当要求を行う場合の被害を防止するため、契約書や取引約款に暴力団排除条項（契約自由の原則が妥当する私人間の取引において、契約書や契約約款のなかに、①暴力団をはじめとする反社会的勢力が、当該取引の相手方となることを拒絶する旨や、②当該取引が開始された後に、相手方が暴力団をはじめとする反社会的勢力であると判明した場合や相手方が不当要求を行った場合に、契約を解除してその相手方を取引から排除できる旨を盛り込んでおくことが有効である）を導入するとともに、可能な範囲内で自社株の取引状況を確認する。

④　データベースの構築

取引先の審査や株主の属性判断等を行うことにより、反社会的勢力による被害を防止するため、反社会的勢力の情報を集約したデータベースを構築する。同データベースは、暴力追放運動推進センターや他企業等の情報を活用して逐次更新する。

⑤　外部専門機関の連絡先や担当者を確認

平素から担当者同士で意思疎通を行い、緊密な連携関係を構築する。暴力追放運動推進センター、企業防衛協議会、各種の暴力団排除協議会等が行う地域や職域の暴力団排除活動に参加する。

(3)　有事の対応（不当要求への対応）

① 反社会的勢力による不当要求がなされた場合には、当該情報を、速やかに反社会的勢力対応部署へ報告・相談し、さらに、速やかに当該部署から担当取締役等に報告する。

② 反社会的勢力から不当要求がなされた場合には、積極的に、外部専門機関に相談するとともに、その対応にあたっては、暴力追放運動推進センター等が示している不当要求対応要領等に従って対応する。要求が正当なものであるときは、法律に照らして相当な範囲で責任を負う。

③ 反社会的勢力による不当要求がなされた場合には、担当者や担当部署だけに任せずに、不当要求防止責任者を関与させ、代表取締役等の経営トップ以下、組織全体として対応する。その際には、あらゆる民事上の法的対抗手段を講ずるとともに、刑事事件化も躊躇しない。特に、刑事事件化については、被害が生じた場合に、泣き寝入りすることなく、不当要求に屈しない姿勢を反社会的勢力に対して鮮明にし、さらなる不当要求による被害を防止する意味からも、積極的に被害届を提出する。

④ 反社会的勢力による不当要求が、事業活動上の不祥事や従業員の不祥事を理由とする場合には、反社会的勢力対応部署の要請を受けて、不祥事案を担当する部署が速やかに事実関係を調査する。調査の結果、反社会的勢力の指摘が虚偽であると判明した場合には、その旨を理由として不当要求を拒絶する。また、真実であると判明した場合でも、不当要求自体は拒絶し、不祥事案の問題については、別途、当該事実関係の適切な再発防止策の徹底等により対応する。

⑤ 反社会的勢力への資金提供は、反社会的勢力に資金を提供したという弱みにつけこまれた不当要求につながり、被害のさらなる拡大を招くとともに、暴力団の犯罪行為等を助長し、暴力団の存続や勢力拡大を下支

えするものであるため、絶対に行わない（以上、平成19（２００７）年6月19日犯罪対策閣僚会議幹事会申合せ「企業が反社会的勢力による被害を防止するための指針」より）。

3　不当要求排除の基本

反社会的勢力との対応は、紋切り型の解決方法はないため、あらかじめ組織内でルールを定め、だれが対応するか、担当者だけに責任を負わせるのではなく、組織をあげて態勢づくりをしておくことが基本となる。いったん反社会的勢力菌に冒されたら骨の髄まで食いつぶされて、企業もそこで働く人たちの人生までダメにされてしまうということを心に銘記して排除する姿勢を貫くことが大切である。

(1)　反社会的勢力との対応の基本

反社会的勢力との対応の基本は、人と人との知恵とがまんくらべの対決といえるから、後記(2)で述べるように冷静な対応が求められる。さらに、先人が営々と築き上げてきた企業の資産を、反社会的勢力の不当な要求に応じて差し出すわけにはいかないことを役職員全員が認識し、次の基本心得3カ条を実践に生かすことである。

① 「恐れず・侮らず・金員を出さない」信念をもち、毅然たる態度で交渉に臨み単独で対応しない。
② 事件の全体像を把握して正確な事実確認（マイナス事実を含む）をしたうえで、正しい事理の判断をする。
③ 反社会的勢力の行為者も人間である。スキをみせず、信念と気迫をもって交渉する。

(2)　交渉にあたっての留意事項

不当要求する反社会的勢力の背後には、ルールに精通した一部の悪徳な専門家（弁護士・会計士・税理士・司法書士など）が控えている。小さな譲歩をすると、手を変え品を変え巧妙な手口で私たちに近づき大きな譲歩を引き出す心理学の実践プロだということを認識して交渉にあたるべきである。あいまいな発言（わかったふり・知ったふり・検討します・善処します）などは厳禁である。経営トップをはじめ役職員は当面の解決を急ぎ「安易な妥協」は決して行ってはいけないこと、コンプライアンスの側面からみて「非背任性・非背信性」から、できること・できないこと・やるべきこと・やってはいけないことを冷静に判断して交渉にあたる。また、最低限次のことを守り交渉する必要がある。

① 相手方を確認し、相手方が指定する場所や組事務所へ出向くことは厳禁。言葉遣いに注意し相手の意向・言い分をよく聴き誠意ある対応をする。

② 折衝窓口の一本化→企業の代表として2名以上（主な応対者・記録担当・連絡対応など）で対応できるよう、あらかじめ決められた役職員が対応する。

③ 交渉時間など→予約のない面談の申込みは原則として拒否。面談は要件に見合った時間設定とする（長くても60分が限度）、湯茶等は茶碗が凶器になる可能性があるので出さない。

④ 応対記録の作成→言葉遣いに注意し相手の主張・意向を冷静に聴き事実を正確に把握する。双方の言い分を正確に記録する（後日、刑事・民事事件に発展した場合の疎明資料となる）。また、正確な面談の事実を期すため、場合によっては相手に録音することを告げて収録する。

⑤ 安易な妥協はしない→大声や荒々しい言動に負け、当面の解決を急ぐあまり、その場逃れの不用意な即答や約束、「詫び状」や理由のない書類に記名押印することは厳禁、来店者が大声で怒鳴り他の顧客に脅威を

与える状況下に置かれたようなときは、「威力業務妨害」（刑法234条）と解して警察に通報する。「前向きに検討します、善処します」という、相手に期待を与えるような言葉は厳禁である。

⑥　スキをみせるな→トラブルの当事者になると、相手から「社長・役員に言いつける」とか「監督官庁に連絡する」「新聞社・テレビ局に通報する」「月夜の晩ばかりではないぞ」などと脅されることがある。冷静さを欠き「困る」とか「やめてほしい」などの発言は相手のペースにはまることになるので厳禁。また、先方の言い分を肯定するような発言も慎み、「それはあなた様の自由です」程度にとどめておくようにする。

反社会的勢力の不当要求に対して、紋切り型の解決方法はない。前記のように基本的な事項を遵守し粘り強く毅然と交渉、必要に応じて法的手段を講ずることを考えて対応することである。

4　備えあれば憂いなし

反社会的勢力につけこまれるような不祥事件は、ヒトが招くリスクで、自然にやってくるものではない。事件を未然防止し、不幸にして発生した場合に被害を最小限にとどめるためのリスク管理は、直接的な利益を生じないため、これまで軽視されてきたのが現状である。いざというときに右往左往しないですむよう、コンプライアンス規程、反社会的勢力排除の内規などを日頃から頭に入れておき、臨機応変の対応ができるようにしておくことが大切である。

①　意識改革

反社会的勢力対策はマイナーな問題ではなく、社会病理現象から経済病理現象となり、反社会的勢力による「企業支配」「金融支配」にまで進行し、それが昂じれば社会の病巣になることを認識する。

② 組織トップの決断

不当要求行為、筋の通らない金は出すな！　との基本方針を示し、金銭による安易な解決を図ることなく、最終的には公的な第三者（裁判所）による判断も必要であるという姿勢をもつ。

③ 相互牽制機能の充実

監査・検査は何のためにあるのか、企業の健康診断であると再認識して常に業務改善に努める。

④ 社会常識・倫理観、コンプライアンスは何を意味するのか、役職員が一致団結してその徹底を図り、組織のトップ自らが率先して実践すること、「だろう主義」を排して常にそれはなぜかと考え、的確な判断がタイムリーに出せるように常に自己研鑽に努める。

⑤ 日常の考動において「甘い罠（Honey Trap）」に陥ることなく、ルール違反・公私混同などにより、言いがかりをつけられるような行為は絶対しない。

参考　過度な顧客至上主義の排除

① お客様至上主義の呪縛→お客様の視線・立場に立つ、わがままに耐える「すみません」の口癖

② お客様にお許しいただく→クレーム処理、ご理解・ご納得・ご満足で信頼回復

③ トップや幹部の口癖→早くお客様にお許しいただき円満・穏便に処理（不満解消が第一）→ために誠意をもって対応→クレーマーとの信頼関係を構築→法的義務なき金品の交付

④　クレーマーを利得させる財源→個人の負担ではない→法的根拠なき支出→背任へ

いま、あらゆる業界で消費者の権利をはき違え無理難題を要求するクレーマー症候群が発生し跋扈している。過去に流行した「お客様は神様」から「怪物（モンスター）」と表現される昨今である。過大・不当な要求を繰り返す場合には、反社会的勢力とみなして対応することである。

6 不法行為と強制捜査―「恥」を知れ―

企業の不法行為がもとで、犯罪の容疑を受けて「検察・警察・国税」などの強制捜査を受ける風景が、ニュースで報道されるのは不名誉なことである。捜査当局は、裁判所の令状（許可状）を提示し、捜索・押収を実施する。

強制捜査に遭遇したら、令状の内容を正確に確認して、各部署の立会い責任者を指名し、従業員に令状の内容を伝達し、不注意な発言をせず、捜査に全面協力をするよう指示することである。

1　強制捜査とは

贈賄、特別背任罪、悪質な脱税、独占禁止法違反など、捜査当局が裁判所の令状を提示して、企業犯罪・経済事犯を立証するために必要な証拠を捜索・押収することで、通称「ガサ」と呼ばれている。

ガサは、企業の業務遂行に悪質な法令等違反の容疑があり実施されるもので、ニュースで報道されるため、企業の信用失墜、社内は動揺し致命的なイメージダウンをもたらし、最悪のケースでは経営破綻に直結することもありうる。

一般的にガサは、次のような方法で実施される。

(1) 裁判所の令状を提示

贈賄、背任などの刑事事件は検察官・検察事務官または司法警察職員（刑事訴訟法218条）、脱税案件は国税庁の査察官（国税犯則取締法1条・2条）、独禁法違反では公正取引委員会の審査官（同法47条）などが、裁判所の令状を持参し提示する。企業の責任者は令状の提示を受け確認し、調査対応することになる。

令状には、捜索の場所、捜索・押収の対象が記載されており、経理・財務、営業にかかわる契約書から、予定表・会議資料・メモなどの書類も対象で、ガサが入ったと同時に書類の持出し、破棄など隠蔽と疑われるような行為をいっさいしてはいけない。

(2) ガサへの対応

ガサの目的は、企業の不正を取り締まる刑事事件として、不法行為をした者を追及する第一段階であることを認識し、令状を確認したうえで関係部署の部課長が責任をもって立ち会い、従業員に強制捜査の事実を開示し全面協力を指示する。

検察官・警察官などは、証拠となる書類をダンボールに入れて押収するが、令状に記載されていないものの捜索・押収は拒否でき、責任者を通じて申し出ることができる。強制捜査は、企業にとって異常事態であるから、会社側に立つ専門家（弁護士・公認会計士など）を置き、社内の動揺を最小限に抑える方策を講ずることも必要である。

「口は災いのもと」であるから、不注意な発言、知らないことを知ったふりをするとか、わからないことをわかったふりをするあいまいな回答をしてはいけない。

刑事責任を追及するため捜査をする担当官は、法律に基づき、捜査・逮捕することができる絶大な権限を有する。民事事件ではないため、捜索に非協力であると、封印とか公務執行妨害により逮捕に至ることもありうることから、捜査に全面協力すべきである。

2 役職員の逮捕と勾留

(1) 逮捕とは

捜査当局が、罪を犯したと疑われる者（被疑者）の自由を拘束することである。一般的には捜査員が被疑者に手錠をかけて、その時点から自由が拘束されることになる。

また、事情聴取のために検察庁へ呼び出され、事情聴取後に手錠をかけられて逮捕され、そのまま、法務省管轄の拘置所へ連行されるケースもある。一般的に逮捕されると検察官の請求により「接見禁止」の決定がなされ、弁護士以外は面会ができなくなる（刑事訴訟法81条）。

被疑者と企業・家族間の情報交換は制約され、弁護士を通じてのみ可能となる。特に、不安定な精神状態に置かれるから、事実に反する自白をしないよう助言する必要がある。

(2) 勾留とは

被疑者または被告人が罪を犯したと疑うに足りる相当な理由があり、罪証の隠滅や逃亡のおそれなどがあると裁判所が認めたときに勾留される（刑事訴訟法60条）。

逮捕しただけで長期間拘置所に入れておくことはできないので、警察が逮捕したときは、その時点から72時間以内（48時間以内に検察官に送検し、検察官は24時間以内に裁判官に勾留を請求する）、検察官が逮捕したときには、最大48時間以上は勾留できないと規定している（刑事訴訟法２０３～２０５条）。

事件の推移から被疑者を勾留する必要があるときは、検察官が裁判所へ勾留請求をし、決定が下れば最大10日間延長され、さらに必要であれば10日間の延長が認められる（同法２０８条）。普通の場合、勾留は20日間であり、同じ被疑者が別件で再逮捕されれば勾留期間はさらに長くなる。

(3)　取調べで注意すること

ウソの発言をせず事実を正直に話し、決して推論で語らないこと。調書は手にとり正確に読み、供述内容と異なる調書にはサインをしてはいけない。また、わかったふり、知ったふりは厳禁である。

7 不法行為と刑事処分、社内態勢の確立

不法行為の容疑で強制捜査を受け、刑事事件の被疑者になると捜索・押収・事情聴取などの結果、起訴するか、不起訴にするのかを決定する裁量権をもつのは検察官である（刑事訴訟法248条）。刑事事件は民事事件と異なることを忘れてはいけない。いつ発生するか予測できないリスクに対する社内態勢の構築が必要である。

1 刑事処分

検察官の処分には、起訴と不起訴の2種類がある。

(1) 起訴処分

捜索・押収・逮捕・勾留などの諸手続を経て、検察官は必要と認めたとき、裁判所に被疑者の処分を求める。これを「起訴」といい、被疑者は起訴されると「被告人」と呼び名が変わる。裁判の結果、判決で有罪・無罪が言い渡される。判決に不満があれば控訴、さらに上告手続を、検察、被告人いずれからもすることができる。

起訴には「正式起訴」（公判請求）と、通常の手続ではなく検察官が簡易裁判所に対して行う起訴で、罰金刑が課せられる「略式起訴」（刑事訴訟法461条）がある。

(2) 不起訴処分

検察官が公訴を提起しない処分のことである。公訴時効の完成等、公訴を提起する条件を欠く場合のほか、①罪を犯したと考えられるが、犯罪の軽重、犯人の性格など諸事情を考慮して起訴しない「起訴猶予」、②証拠が不十分で起訴しない「嫌疑不十分」「嫌疑なし」による不起訴処分がある。

2 有事に対する社内態勢の確立

経営は、平時と有事の連続体である。企業の存続にかかわる、内部の役職員による不法行為は、法令等遵守を声高に叫んでいる各業界にあってはならないことである。それがいま、あらゆる業界のトップが頭を下げ陳謝している風景をテレビ画面で散見する。企業として、あってはならない非常事態についての態勢を平時から確立しておくことが、経営最高責任者の責務である。

(1) 危機発生と対応部門

企業を襲う脅威（リスク）は、いつ発生するか予測できないため、リスク対策をおろそかにしている企業が多々あり、リスクが発生して泥縄で対策をしている風景を散見する。平時からリスク対策を決めておき、いざというとき危機対応できる部署を構築しておくことが大切である。

リスク発生時には危機対応部門が指揮をとり、正確な事実確認を迅速に行い、決して問題の先送りをしてはいけない。また、証拠隠滅・虚偽の文書回答などをすれば、二次的な危機を招くことになる。「被害の拡大防止と最小の被害でとどめる」といった視点で考動することである。

企業の不法行為の大多数は、法令違反と社会常識・倫理観の欠落、さらに金銭欲・名誉欲に走ったため、正常な判断力を喪失した不祥事である。企業に常設されている「コンプライアンス部門」が危機に対応して機能できるようにしておくとよい。

(2) 専門家との連携強化

傷害事件と異なり経済事犯は、法令違反、法令の規定に関して、悪質な脱法行為もふえており、社会の仕組みが多様化するにしたがい複雑化している。企業は、危機発生時はもちろんのこと、事件処理のためではなく、法令違反を防止する「予防法務」のために、日常業務を通じて弁護士、公認会計士……などと連携強化して、日常よりリスク対策に関心をもつことである。企業をとりまく環境は、統合・分割、M&A、環境問題等々、めまぐるしく動いていることを自覚すべきである。弁護士・公認会計士・税理士など専門家の知恵を拝借して、法令等遵守のパートナーとして「戦略的」に行動する時代が到来していると、リーダーは考えるべきではないか。

(3) マスコミ対策

不法行為が発覚し記者会見が必要と判断される場合には、外部から会見を要求されて守勢で実施するのではなく、迅速かつ自主的に会見時点で把握できた事実を正確に発表し、顧客・株主・関係者などに対して心から謝罪することである。

大手企業の場合には、記者会見の映像がそのままニュースとして放映されることから、不遜な態度は、さらに企業イメージを悪くするので注意すること。

また、メディアの誤報については正々堂々と異議申立てをし謝罪させることが大切である。平時から広報活動の重要性を認識し、危機発生のときは、あわてず、冷静に、正確な事実のみを発表することである。

エピローグ—明日に向かって—

◇国家存亡の危機「独立自尊」

冒頭（刊行に際して）で述べたように、東アジア情勢は獰猛《どうもう》な近隣諸国がわが国を弱体化し隷属化するためのロビー活動・内政干渉など、さまざまな分野に浸透し、「いま」有史以来の国家存亡の危機に直面しているといえる。こうした情勢にもかかわらず日本のリーダー層をはじめ、特に大手マスメディアと国民の多くは、国事を考える座標軸（国防の義務・独立自尊……使命感・責任感等）を喪失して、自己の地位保全と金儲け至上主義の守銭奴に成り下がり、日本人でありながら他国籍人かと錯覚する売国的な行動を首相経験者が発言するなど、最悪の内憂外患の状況にあるといっても過言ではないだろう。

福澤諭吉は激動する明治初期、『学問のすゝめ』初編において、自由と平等、国家の独立を得るためには、「…略…国が恥辱をうけたときは、日本国中の人民一人残らず命を捨てて国の名誉を守り抜くことにこそ、一国の自由と独立がある」と説いている。すなわち、治安が乱れ他国からの内政干渉また侵略されるようなことになれば、自由と平等、経済も吹き飛ぶことになることから、国家を死守せよと力説しており、これはいまの日本人に欠落している「理念」である。

リーダーは、国際化時代であるからこそ前記の先人訓「国家あって企業が存続する」ことを肝に銘じて、歴史は時事問題にすり替えられ、外交問題・商いを有利にするための材料にされることを知り、「史実」を学び、未来学（先見性）・地政学……相手方の国家体制・思想等々を学習し、「凛とした良識ある日本人として考動する」ことが求められていることを知り、業務遂行することである。

◇人間精神の立て直し

なぜ歴史を学ぶのか。それは先人たちの行動を正しく知り、現在の価値観で過去を裁くのではなく、再び類似する事項の処理で同じ過ちを犯さない再発防止のためである。昭和金融恐慌の直後（昭和2年5月）に、一瀬粂吉《いちのせくめきち》（明治3（1870）〜昭和18（1943）年、三和銀行取締役。『銀行業務改善隻語』の著者）は、「制度必ずしも人を制せず、人能く制度を制す」と述べ、腐敗するのはルールより先に人間精神と説いている。私たち日本人に永々と伝わる大和心をもった商いを推進することである。本文できらめく星のごとく存在する先人訓を紹介したが、日本固有の精神とはと問われたら、本居宣長（享保15（1730）〜享和元（1801）年、江戸時代後期の国学者）の「敷島の大和心《やまとごころ》を人問はば朝日ににほふ山櫻花」とひと言で表現できる。先人訓、独立自尊の精神、大和心をもって行動することこそ、信頼されるリーダーへの道であるといえる。

◇百年の計で着実な年輪経営を

IT革命により電脳（Cyber）ネット時代に移行し、情報が一瞬で世界中を駆けめぐるようになったので、危機（サイバーテロほか）を察知して未然防止、集積された多数の情報を鳥の目・虫の目・潮の目など、理非曲直を識別して付和雷同せず、事理を判断し、企画・実行するのは古今東西「人間」である。社内遊泳術に長けたゴマすり・茶坊主型のリーダーは不用（要）の遺物である。

企業が永続し成長する基は、リーダーの有無によって決まるといってもよい。リーダーは問答無用型ではなく、上司の命に逆らっても意見具申できる「逆命利君」の人材が登用される時代が到来している。逆命利君とは「命に逆らいて君を利する。之を忠と謂う」で、漢の劉向《りゅうきょう》が編纂した「説苑《ぜいえん》」の言葉である。また、熊谷守一（明治13（1880）～昭和52（1977）年、画家・画壇の仙人といわれた）は、不平不満が多い時代、何事も「三風五雨」（人生を10日間としたら晴天は2日程度、3日は風が吹き、5日は雨が降るのは当たり前と考えて元気を出して進め！）と叱咤激励の言葉を残している。

リーダーは、帰属する企業が果たすべき役割と進むべき方向の理念を理解し、天から授かった人間に二つあるもの「目・耳・鼻」で情報収集し、一つある脳力で的確に分析、情報の共有とその説明を十分に実行し、自信と気概をもって、二つある二本の手と足をおおいに動かすことが求められている。明日に向かって「雨ニモマケズ、風ニモマケズ、雪ニモ夏ノ暑サニモマケヌ……（宮澤賢治（明治29（1896）～昭和8（1933）年、詩人））」心身ともに健康で精いっぱい元気を出し、企業（日本）の伝統・文化・大和心等々の背景を正しく理解して、企業の永続性・年輪経営の担い手となることを期待したい。

著者略歴

加藤　浩康（かとう　ひろやす）

1933年名古屋市生まれ。東海銀行（現三菱東京UFJ銀行）入行後、業務部業務企画課課長代理、東京営業推進部調査役、高田馬場、堀田各支店主席次長、祖父江、庄内各支店長、関西地区本部次長兼お客さまサービス室長、本部詰㈳金融財政事情研究会出向、1988年11月退職。名古屋地方裁判所・名古屋簡易裁判所民事調停委員（1988年４月～2004年３月）、1989年６月ビジネス研究所所長就任、現在に至る。

著書に、『わかりやすい銀行業務』『わかりやすい融資業務』『わかりやすい金融窓口サービス』『わかりやすいコンプライアンス』（いずれも金融財政事情研究会）『銀行のしごとＡＢＣ』（ビジネス教育出版社）、［共著］『営業店幹部の危機管理入門』『企業対象暴力と危機管理』『わかりやすい民商法』（いずれも金融財政事情研究会）などほか多数。

信頼されるリーダーへの道

平成25年7月10日　第1刷発行

著　者　加　藤　浩　康
発行者　加　藤　一　浩
印刷所　図書印刷株式会社

〒160-8520　東京都新宿区南元町19
発行所・販売　株式会社 きんざい
編 集 部　TEL 03(3355)1770　FAX 03(3355)1776
販売受付　TEL 03(3358)2891　FAX 03(3358)0037
URL http://www.kinzai.jp/

ISBN978-4-322-12158-2